urania

D1927065

Ingeborg Düffert

Vortragstexte für Familienfeste

Erprobt und erfolgreich

Zum Thema bereits erschienen:

Ingeborg Düffert im Urania Verlag:

Kleines Vortragsbuch für Familienfeste
ISBN 3-332-00532-4

Alles Gute!
Der passende Vers zu jedem Geschenk
ISBN 3-332-01028-X

Kinderverse für Familienfeste
ISBN 3-332-01087-5

Die schönsten Texte für das Weihnachtsfest
ISBN 3-332-1291-6

Spiel und Spaß bei Hochzeitsfeiern
ISBN 3-332-01287-8

Weitere Bücher:

Sybil Gräfin Schönfeldt:
Die schönsten Hochzeitsbräuche
ISBN 3-332-01288-6

Sybil Gräfin Schönfeldt:
Feste & Bräuche durch das Jahr
ISBN 3-332-01026-3

Gerald Drews:
Festreden
Von der Geburt bis zum 100. Geburtstag
ISBN 3-332-1289-4

Jutta Rintelen:
Heitere Glückwunschverse
ISBN 3-332-01290-8

Andrea Klein:
So gelingt Ihre Hochzeitszeitung
ISBN 3-332-00531-6

Die Autorin: Ingeborg Düffert moderiert seit vielen Jahren Veranstaltungen im norddeutschen Raum. Sie war häufig zu Gast im Fernsehsender N 3 und im Norddeutschen Rundfunk. Bei Urania veröffentlichte sie bisher fünf erfolgreiche Ratgeber mit erprobten Texten.

Die Deutsche Bibliothek – CIP-Einheitsaufnahme
Ein Titeldatensatz für diese Publikation ist bei Der Deutschen Bibliothek erhältlich.

Die Schreibweise entspricht den Regeln der neuen Rechtschreibung.

www.dornier-verlage.de
www.urania-verlag.de
2. Auflage Dezember 2002

Der Urania Verlag ist ein Unternehmen der Verlagsgruppe Dornier.
Umschlaggestaltung: Behrend & Buchholz, Hamburg
Titelfoto: stone, Michael Denora
Redaktion: Dr. Marianne Jabs
Satz: Typografik & Design
Druck: Westermann Druck Zwickau
Printed in Germany

ISBN 3-332-01245-2

Ingeborg Düffert

Vortragstexte für Familienfeste

Liebe Leserin, lieber Leser ...

Familienfeste sind die schönsten Feste, die es gibt. Wie viele ich auch schon erlebt habe, jedes Mal freue ich mich, wenn ich wieder eingeladen werde. Ob es nun eine Taufe gibt, die würdig begangen werden soll, einen Geburtstag oder eine Hochzeit, ob jemand eingezogen ist oder Examen gemacht hat – jedes Mal ist es die Familie, die zusammengerufen wird und sich in eine fröhliche Festgesellschaft verwandelt.
Natürlich geht jeder in erster Linie deshalb hin, weil man die anderen sehen möchte und sich freut, mal wieder ausführlich mit ihnen zu klönen und zu hören, wie es ihnen so geht.
Essen und Trinken gehören dazu, Musik darf nicht fehlen, häufig wird getanzt.
Und dann?
Dann kommt das Unterhaltungsprogramm! Erst damit wird aus einem x-beliebigen Fest ein unvergessliches Ereignis.
Jemand tritt vor und spricht ein paar Verse. Vielleicht überreicht er ein Geschenk. Vielleicht kommt ein anderer dazu, und sie spielen einen Sketch. Vielleicht regen sie die ganze Festgesellschaft zu einem fröhlichen Lied an.
Für all diese Anlässe, für all diese Vorträge finden Sie in diesem Band viele Texte, die sich auch für Ihr ganz persönliches Fest eignen (oder ganz leicht umschreiben lassen). Tragen Sie mutig vor! Ein besseres und dankbareres Publikum werden Sie nirgendwo finden.
Viel Erfolg wünscht Ihnen

Ingeborg Düffert

Herzlich willkommen!

Heute gehn wir nicht nach Hause,
Heute lasst uns fröhlich sein.
Wer sich drückt, ist ein Banause,
Trinket aus und schenket ein.

Zunächst ein Wort an alle Gäste:
Willkommen hier zu diesem Feste!
Ihr habt euch aber alle fein gemacht –
na, das wird ’ne turbulente Nacht.

Aber wisst ihr alle schon,
dazu braucht man Kondition!
Wenn hier die frohen Lieder erklingen,
sollt fleißig ihr das Tanzbein schwingen.

Bei Walzer und bei Rock’n’Roll
fühlt ihr euch sicher pudelwohl.
Dass ihr aber das Trinken nicht vergesst!
Es hebt die Stimmung für das Fest.

Ihr dürft heut manches Glas austrinken,
denn viele Flaschen seh ich winken.
Stärken wird euch dann das Essen,
das hätte ich beinah vergessen.

Da macht ruhig auf – den Knopf der Hose,
denn das Essen morgen – kommt aus der Dose!
Ihr seht, ich wünsch euch allen:
tut wie zu Hause und lassts euch gefallen!

Geburt und Taufe

Glückwunsch zum erfüllten Traum!
Mag das Kind auch schrecklich brüllen
und das Haus mit Lärm erfüllen:
Schönres Lärmen gibt es kaum!

Ein neuer Erdenbürger ist immer Anlass für ein besonders fröhliches Fest.
Gerührte Großeltern, verantwortungsbewusste Paten, staunende Kinder – alle Generationen nehmen Anteil an dem kleinen Wesen, vor dem auch die heitersten Glückwünsche sozusagen auf Zehenspitzen gehen.

So kleine Hände

Sind so kleine Hände, winzge Finger dran.
Darf man nie drauf schlagen, die zerbrechen dann.
Sind so kleine Füße mit so kleinen Zehn.
Darf man nie drauf treten, können dann nicht gehn.
Sind so kleine Ohren: scharf, und ihr erlaubt:
Darf man nie zerbrüllen, werden davon taub.
Sind so schöne Münder, sprechen alles aus.
Darf man nie verbieten, kommt sonst nichts mehr raus.
Sind so klare Augen, die noch alles sehn.
Darf man nie verbinden, könn'n sie nichts verstehn.
Sind so kleine Seelen, offen und ganz frei.
Darf man niemals quälen, gehn kaputt dabei.
Ist so'n kleines Rückgrat, sieht man fast noch nicht.
Darf man niemals beugen, weil es sonst zerbricht.
Grade, klare Menschen sind ein schönes Ziel.
Leute ohne Rückgrat hab'n wir schon zuviel.

Bettina Wegner

Für ratlose Eltern

Euer Mädchen, süß – zum Beißen!
Doch wie soll die Kleine heißen?
Anna, Berta, Christa, Deike,
Edith, Frieda, Gaby, Heike?
Iris, Jutta, Klara, Lia,
Martha, Nina, Olga, Pia?
Quinta, Rosa, Steffi, Tine,
Ulla, Vroni, Wilhelmine,
Xandra, Yvonne, Zölestine?
Liebe Eltern, nicht so eilig:
Kind und Name sei'n euch heilig!

Reinhold Hector

Zum Namenstag (Einer Enkelin)

Der Bäcker bringt dir Kuchenbrot,
der Schneider einen Mantel rot.
Der Kaufmann schickt dir, weiß und nett,
ein Puppenkleid, ein Puppenbett
und schickt auch eine Schachtel rund
mit Schäfer und mit Schäferhund,
mit Hürden, Bäumchen, paarweis je,
und mit sechs Schafen, weiß wie Schnee.
Und eine Lerche, tirili,
seit Sonnenaufgang hör ich sie.
Sie singt und schmettert, was sie mag,
zu meines Lieblings Namenstag.

Theodor Fontane

Der erste Zahn

Viktoria, Viktoria,
der erste weiße Zahn ist da!
Kommt alle her, ihr müsst es sehn!
Ein großes Wunder ist geschehn!
Schaut ihn doch alle, alle an, –
– den ersten Zahn!
Gott segn' ihn dir, geliebtes Kind,
und geb dir viele Zähn geschwind
und allezeit etwas zu beißen!

Matthias Claudius

Wiegenlied

Singet leise, leise, leise
singt ein flüsternd Wiegenlied,
von dem Monde lernt die Weise,
der so still am Himmel zieht.

Singt ein Lied so süß gelinde
wie die Quellen auf den Kieseln,
wie die Bienen um die Linde
summen, murmeln, flüstern, rieseln.

Clemens Brentano

Pappis Wiegenlied

Schlafe ein, mein Schätzchen,
und träum von einem Kätzchen,
von Püppchen, bunten Steinchen,
schlafe ein, schlaf, Kleinchen!
Schlafe ein, mein Bübchen,
ein Engel geht durchs Stübchen
ganz leis auf nackten Beinchen,
schlafe ein, schlaf, Kleinchen!
Während nun der gute Mond am Himmel lacht,
sitzt dein Pappi hier am Bettchen und bewacht
dich, mein holdes Schätzchen.
Es schlafen schon die Kätzchen,
die Püppchen und die Steinchen,
schlafe ein, schlaf einchen!

Heinz Erhardt

Beinchen

Beinchen wollen stehen,
Beinchen wollen gehen,
sich im Tanze drehen.
Beinchen wollen ruhn.
Beinchen wollen spreizen,
wollen ihren Reizen
jegliche Gelegenheit
geben. Haben jederzeit
muskulös zu tun.

Beine dick und so und so,
Beine dünn wie Stange.
Alle Beine sind doch froh.
Arme, arme Schlange!

Joachim Ringelnatz

Du musst das Leben nicht verstehen,
dann wird es werden wie ein Fest,
und lass dir jeden Tag geschehen,
so wie ein Kind im Weitergehen
von jedem Wehen Blüten schenken lässt …

Rainer Maria Rilke

Glückwunsch zur Tochter – ganz geschwind:
Nur Glück und Freude jetzt und später!
Ach ja, die Töchter-Mütter sind
mit Recht sehr stolz. Und erst die Väter!

Zum Töchterchen kommt pünktlich heut
der Glückwunsch: Ich bin (wir sind) hocherfreut!
Die Süße soll mit Frohsinn, Lachen
euch immer neue Freude machen!

Ein ganz besondrer Gruß von hier
gilt meinem Patenkinde: Dir!

Ja, Patenschaft ist wichtig.
Mein Gruß geht zu dir hin:
Ich freue mich aufrichtig,
dass ich dein Pate bin!

Der Nachwuchs

Die dunklen Augen wie vom Reh,
ein rundes Bäuchlein, wie ich seh,
die Haut wie Milch und Marzipan,
das weiße Hälschen wie ein Schwan;
schaut euch den süßen Fratz nur an!
Die Lippen wie zum Küssen fein,
wem wird er denn wohl ähnlich sein –
mit Haaren wie ein kleiner Aff?
Ganz der Papa – Mama ist baff!

Wiegenlied

Schlaf, süßer Knabe, süß und mild!
Du deines Vaters Ebenbild!
Das bist du; zwar dein Vater spricht,
du habest seine Nase nicht.

Nur eben itzo war er hier
und sah dir ins Gesicht
und sprach: Viel hat er zwar von mir,
doch meine Nase nicht.

Mich dünkt es selbst, sie ist zu klein,
doch muss es seine Nase sein;
denn wenns nicht seine Nase wär,
wo hättst du denn die Nase her?

Schlaf, Knabe; was dein Vater spricht,
spricht er wohl nur im Scherz.
Hab immer seine Nase nicht
und habe nur sein Herz!

Matthias Claudius

Für ein Patenkind zur Taufe

Liebe kleine …
Dies Silberkettchen möchte ich dir zum Gedenken
an diesen Tag mit herzlicher Liebe schenken.
Es möge mit seinem Glanz so wunderbar
dich immer erfreuen über viele Jahr.
Es soll dir auch Glück bringen, wo immer du bist.
Doch wünsch ich mir auch, dass du deine … nie vergisst!

Einschulung und Übergang auf die höhere Schule

Die Schule ist, das weiß man ja,
in erster Linie dazu da,
den Guten wie den Bösewichtern
den Lehrstoff quasi einzutrichtern.

Allein – so ist's nun mal hienieden:
Die Geistesgaben sind verschieden.

Mit Löffeln, ja, sogar mit Gabeln
frisst Kai die englischen Vokabeln;
Karl-Heinz hat aber erst nach Stunden
die Wurzel aus der Vier gefunden.

Nicht nur in Brandenburg hat es sich eingebürgert, die Einschulung eines Kindes mit einem fröhlichen Fest zu feiern. Verwandte und Nachbarn finden sich ein, Kinder sind selbstverständlich willkommen, und das Festprogramm wird darauf abgestimmt, dass alle Altersstufen Spaß daran haben. Scherzfragen und Quizspiele müssen besonders sorgfältig ausgewählt werden, damit die 6-jährige Hauptperson teilnehmen kann und auch Gewinnchancen hat.

Spiele

Wir gehen einkaufen!
Wo und was kaufen wir?
Die Mitspieler müssen schnell aufzählen, was man
in einer Drogerie

- im Kaufhaus
- beim Heimwerkerbedarf
- im Supermarkt kauft.

Man erschwert das Spiel, indem man einen bestimmten Anfangsbuchstaben vorgibt.

Wie soll unser Kind heißen?
Jeder Mitspieler soll möglichst viele

- Jungen-Namen
- Mädchen-Namen

mit vorgegebenem Anfangsbuchstaben nennen.
Die Antwort muss schnell folgen.
Wer am meisten weiß, ist Sieger!

Heut hab ich mein Mädel zur Schule gebracht.
Gar schlimme Gedanken hab ich gedacht:
Mein Herzenskleinchen, mein Sonnenscheinchen,
nun tust du auf deinen flinken Beinchen
aus unsrer überängstlichen Mitte
in die schlimme Welt deine ersten Schritte
und bist für immer hingegeben
dem bösen Feinde – ich meine das Leben.

Kindergebetchen

Erstes
Lieber Gott, ich liege
im Bett. Ich weiß, ich wiege
seit gestern fünfunddreißig Pfund.
Halte Pa und Ma gesund.
Ich bin ein armes Zwiebelchen,
nimm mir das nicht übelchen.

Zweites
Lieber Gott, recht gute Nacht.
Ich hab noch schnell Pipi gemacht,
damit ich von dir träume.
Ich stelle mir den Himmel vor
wie hinterm Brandenburger Tor
die Lindenbäume.
Nimm meine Worte freundlich hin,
weil ich schon sehr erwachsen bin.

Joachim Ringelnatz

»Höhere Weihen«

Wie schön, dass du geschafft es hast.
Ab heute bist du Gymnasiast.
Nun lernst du fremde Sprachen,
das wird dir Freude machen.
Ich hoffe, wenn gelehrt du bist,
dass du mich nicht vor Stolz vergisst.

Ein paar Scherzfragen für Schulanfänger

Fragt der Sohn den Papa: »Du, Papa, wo liegt der Nordpol?«
Antwort: »Da musst du Mama fragen, die packt immer alles weg.«

Und noch eine Frage: »Ist Afrika eigentlich weit?«
Antwort: »Das glaube ich nicht. In unserer Firma ist ein Schwarzer, der kommt immer mit dem Fahrrad.«

… und Scherzfragen für Kinder, die fast schon auf die höhere Schule gehen

In welchem Monat essen eure Nachbarn am wenigsten?
Antwort: Im Februar – nur 28 Tage!

Kennst du dich in der Tierwelt aus? Was sieht aus wie eine Katze und ist doch keine?
Antwort: Der Kater.

Welches Tier ist am stärksten?
Antwort: Die Schnecke. Sie trägt immer das ganze Haus mit.

Warum macht der Hahn beim Krähen die Augen zu?
Antwort: Er kennt den Text auswendig!

Welcher Vogel ist der Gans am ähnlichsten?
Antwort: Der Gänserich!

Warum ruft der Kuckuck immer seinen eigenen Namen?
Antwort: Er hat nichts anderes gelernt!

Kommunion, Konfirmation und Firmung

Wenn ein Mensch mit Gott gut steht,
Der steht wohl, wenns übel geht;
denn er kann die höchsten Gaben,
Vater, Bruder, Tröster haben.

Friedrich von Logau

Der Ernst der kirchlichen Feier durchdringt bei diesen Anlässen das anschließende Familienfest, wie fröhlich es auch aussehen mag. Er bestimmt auch den Charakter der Ansprachen, die den jungen Menschen in einer Phase der Orientierung und Selbstfindung auf unvergängliche Werte hinweisen.

Sei unbetört und unverstört!
Was zu des Lebens Glück gehört,
hat dir ein Gott gegeben.
Und was er dir nicht gab, gehört,
o glaub es, nicht zum Leben.
Was du nicht hast, das ist die Last,
die du nicht aufgeladen hast;
du hast die Lust am Leben.
Sei unverstört und unbetört!
Was zu des Lebens Lust gehört,
das hat dir Gott gegeben.

Friedrich Rückert

Glaube fest an Gott, den Herrn;
glaube an sein Walten!
Niemals ist es unmodern,
sich an Gott zu halten.
Sei getrost: An Gottes Hand
hast du immer festen Stand!

Friedrich Morgenroth

Weiß nicht, woher ich bin gekommen.
Weiß nicht, wohin ich werd genommen.
Doch weiß ich, dass da oben einer ist
mit einer Liebe, die mich nie vergisst.

nach Justinus Kerner

Wo gehts längs?

Fritz ist noch klein und unverständig,
doch dabei oftmals ganz unbändig.
Er schlägt das kleine Schwesterlein,
wills ihm nicht stets zu Willen sein.

Und andres Böse er verübt,
darob die Eltern sind betrübt.
Von Himmel, Hölle sie erzählen
und fragen, was er möchte wählen.

»Die Hölle – hu! das ist ein Graus,
wo böse Teufel sind zu Haus;
dort muss man brennen ewiglich,
drum, Fritzchen: Lieber bessre dich!

Dann kannst du in den Himmel kommen
und fröhlich sein mit allen Frommen
und spielen mit den Engelein.
Denk nur, wie schön das würde sein!«

»Ja,« meint das Fritzchen ganz bedächtig
und überlegt und seufzt recht kräftig,
»Ach ja, den Himmel möcht ich sehn,
wüsst ich nur, wo ich längs muss gehn.«

Für meine Söhne

Hehle nimmer mit der Wahrheit!
Bringt sie Leid, nicht bringt sie Reue;
doch weil Wahrheit eine Perle,
wirf sie auch nicht vor die Säue.
Blüte edelsten Gemütes
ist die Rücksicht. Doch zuzeiten
sind erfrischend wie Gewitter
goldne Rücksichtslosigkeiten.
Wackrer heimatlicher Grobheit
setze deine Stirn entgegen,
artigen Leutseligkeiten
gehe schweigend aus den Wegen.
Wo zum Weib du nicht die Tochter
wagen würdest zu begehren,
halte dich zu wert, um gastlich
in dem Hause zu verkehren.
Was du immer auch willst werden,
Arbeit scheue nicht und Wachen;
aber hüte deine Seele
vor dem Karrieremachen.
Wenn der Pöbel aller Sorte
tanzet um die goldnen Kälber,
halte fest: Du hast vom Leben
doch am Ende nur dich selber.

Theodor Storm

Abitur und Examen

Halt dein Rösslein nur im Zügel,
kommst ja doch nicht allzuweit.
Hinter jedem neuen Hügel
dehnt sich die Unendlichkeit.

Nenne niemand dumm und säumig,
der das Nächste recht bedenkt.
Ach, die Welt ist so geräumig,
und der Kopf ist so beschränkt.

Wilhelm Busch

Ein junger Mensch fühlt sich kaum jemals so frei und glücklich wie nach dem Abitur oder einem bestanden Examen. Im Hochgefühl der Leistung fällt es ihm leicht, Frotzeleien zu ertragen, die gerade diese Leistung ein wenig in Frage stellen. Humor und Leichtigkeit sind gefragt – und der Rückblick und Dank an die, die zu dem Erfolg beigetragen haben.

Ein mytho-unlogisches Gespräch

A. Ich habe bei mir zu Hause ein Aktfoto hängen. Es heißt »Die Ledige mit dem Schwein«. Kennen Sie das?

B. Sie meinen sicher »Die Leda mit dem Schwan«?

A. Ach ja, richtig! Ein Schwan kommt auch drauf vor! Und wer ist diese Leda?

B. Leda war die Mutter der schönen Helena.

A. Wieso »war«? Ist sie tot?

B. Aber natürlich!

A. Erzählen Sie mir doch mal was von der Familie!

B. Also das war so: Eines Tages schiffte sich Menelaus, der Gatte der Helena, nach Kreta ein.

A. Und Helena blieb zu Hause?

B. Ja, in ihrem Schlafgemach. In der Mitte stand ein großes Ruhebett und links der Armleuchter.

A. Ich denke, Menelaus war weg?

B. Nein, ein wirklicher Armleuchter stand da. – Und plötzlich wurde ihr Paris gemeldet!

A. Ach, der mit dem Apfel?

B. Bravo, woher wissen Sie denn das?

A. Na, Paris war doch der, der auf dem Berge Aida der Schönsten mit der Armbrust einen Apfel vom Kopf schoss!

B. Das verwechseln Sie leider mit Wilhelm Tell – aber immerhin! – Außerdem hieß der Berg Ida! – Na schön! Paris beschloss, Helena mit List zu erobern.

A. Ach, Klavierspielen konnte er auch?

B. Das weiß ich nicht! Jedenfalls aber nahm er sie mit nach Troja.

A. Ach so, ja.

B. Und wissen Sie, wodurch Troja berühmt geworden ist?

A. Durch die Trojabohnen!

B. Sie meinen Sojabohnen?! – Nein, durch den Trojanischen Krieg! Die einstmals so stolze Stadt wurde völlig zerstört – und heute ist die Fläche, auf der sie stand, eben!

A. Eben!

Heinz Erhardt

Einer Lehrerin zum Jubiläum

Wir haben in den vielen Jahren
Gutes nur durch Sie erfahren.
Deshalb wolln wir uns bedanken
für das Verständnis ohne Schranken.

Unsre Nöte, unsre Sorgen
blieben Ihnen nie verborgen.
War der Lehrstoff noch so schwer,
Sie erklärten gerne mehr.

Wir wünschen Ihnen frohe Stunden,
mit Ihren Schülern stets verbunden,
und alle Tage heitre Harmonie
wünschen Ihre Schüler sich für Sie.

Elise Henneck

Vater oder Mutter gratulieren

Junge (Mädchen), du bist wirklich groß!
Willst nicht mehr auf meinen Schoß,
kannst schon ganz alleine schreiben,
willst abends lange draußen bleiben,
magst nur selten auf uns hören,
wenn wir sprechen weise Lehren,
hast den Führerschein gemacht,
dir 'ne Freundin (einen Freund dir) angelacht.
Ja, was soll ich weiter sagen?
Kannst ins Leben frei dich wagen.
Gehst mit Freude nun hinaus,
kehrst auch gern zu uns nach Haus.
Unsre Wünsche sind bei dir,
und hier sind auch unsre Gaben.

Was ist Elektrizität?

Morgens mit Hochspannung aufstehen
mit Widerstand zur Arbeit gehen,
den ganzen Tag gegen den Strom schwimmen,
abends geladen nach Hause kommen
und dann eine gewischt bekommen.

Endlich volljährig!

Achtzehn Jahre, das ist viel,
fern schon liegt das Kinderspiel,
goldne Freiheit streckt sich weit,
öffnet ihre Arme breit.

Am achtzehnten Geburtstag spielen die Glückwünsche der Familie meist nur eine Nebenrolle, denn so junge Jubilare wollen mit ihren Freunden feiern. Trotzdem nehmen sie die Aufmerksamkeiten von Eltern, Großeltern und neiderfüllten kleinen Geschwistern gern entgegen.

Die Eltern wünschen Glück

Tanja, du sollst lange leben!
Unverwandt, so war dein Streben,
teils nach Bildung, teils nach andren
Dingen, die ins Herz dir drangen.
Bleib so lieb, wie du uns bist,
sei von Herzen heut geküsst.

Die Großeltern gratulieren

Wenn die Kindheit ist zu Ende,
schaut man gern noch mal zurück.
Es kommt für dich die große Wende,
und du glaubst fest an dein Glück.
Doch dann stellst du dir viel Fragen:
Was ist, was kommt, und was wird sein?
Wird man fortan nur »Sie« zu dir sagen?
Du bist jetzt schließlich groß und nicht mehr klein!
Nun, lass dich einfach überraschen.
Irgendwie wird es ja sicher weitergehn!
Denk immer nur: Ich werds schon schaffen.
Und dann – mach dir dein Leben einfach schön!

Der neue Führerschein, das neue Auto

Mit einem Schlüsselanhänger

Dieser kleine Edelstein
wird im Auto bei dir sein,
soll dir täglich nützen,
dich vor Unheil schützen.
Schlüssel, durch den Ring geschoben,
sind bei ihm gut aufgehoben.

Der eben erworbene Führerschein und noch mehr das erste eigene Auto sind wunderbare Anlässe zum Feiern und zum Gratulieren. Ein kleiner Zweizeiler bildet einen guten Text für Ihren Glückwunsch.

Ein Romeo im Alfa Romeo
rast rum wie'n Stier beim Rodeo!

In manchem Audi
steckt ein Rowdy.

In einem BMW,
da sitzt die Hautevolée.

Willst du fahrn im Cadillac,
kauf dir vorher einen Frack.

Mit Françoise im Chevrolet,
da fühl ich mich fast wie im Bett.

Der Citroën, der Citroën,
da ist mir das Chassis zu eng.

Dem Schumi sein Ferrari
ist nichts für die Safari.

Besser so'n kleiner Fiat
als ein Pferd, das wiehert!

Schon in der Bibel steht das Wort:
Sie sündigten in einem Ford.

Der Schumacher Rolf
fährt auch kein'n Golf.

Die Frauen in dem Honda –
je Honda, desto blonda!

Erst hatte ich ihn irre lieb,
jetzt haut er ab mit seinem Jeep.

Es träumt so mancher Teeny
vom schnellen Lamborghini.

Fahr ich Mazda,
Platz da, Platz da!

Fährt einer erst Mercedes,
geht er nicht mehr per pedes.

A Tauberlschiss am Mitsubishi?
Gib mir den Feudel her, dös wisch i!

Für sie kauft' er den Nissan,
und in der Tat, sie biss an!

»Junge, lass doch das Gepopel«,
spricht die Mutter in dem Opel.

Der Ferdinand, der forsche,
erfand einst selbst den Porsche.

Es schaukelt mein Popo
am liebsten im Renault.

Würdig fahr ich im Rolls Royce,
fühl mich wie Gottvater Zeus.

Auf dem Parkplatz steht mein Skoda,
aber wo da?

Fahr ich offen im Suzuki,
flattern Mütze und Perucki.

Ich kauf mir den Toyota,
der hat mehr Platz für Lothar!

Vor der Wende fuhr ich Trabi,
ess jetzt Döner und Kebabi.

Zur Gala mit dem Volkswagen?
Das musst du dann mit Stolz tragen!

Kotzt das Baby in den Volvo,
macht es seinen Vater toll so.

Kauf endlich die Jamaha,
dann sagt dir jede Jaha!

Zum Führerschein

Wenn jemand mit dem Auto fährt,
dann gibt es oft Gedränge,
besonders gegen Abend, denn
dann sind die Straßen enge.

Die Autos fahren nur im Schritt,
das geht dann sachte, sachte,
und wer um sechs daheim sein will,
der kommt oft erst um achte.

Du freust dich wie ein König fast,
und ich, ich find es fein,
dass du den Führerschein jetzt hast,
um auch dabei zu sein.

Beim Warten in der Autoschlange
in Smog und Abgasduft.
Ich wünsch dir, dass dein Auto lange
mitmacht und fröhlich pufft!

Verlobung

Wir wolln das Glas erheben:
Hoch soll das Brautpaar leben!

Die Verlobung ist wieder »in« – immer mehr junge Paare dokumentieren damit ihre Zusammengehörigkeit und geben ihren Familien einen ersten offiziellen Anlass, gemeinsam zu feiern. Gute Wünsche für die Zukunft des Paares stehen im Mittelpunkt der Glückwünsche.

Verliebt, verlobt, verheiratet,
das ist der Weg ins Glück!
Mit einem innigen Kuss, einem zärtlichen Blick,
so fängt die große Liebe an,
an der man nichts mehr ändern kann!
Hat man sich in der Jugend ausgetobt,
dann wird sich meistens erst mal verlobt.
Dann kann man immer noch überlegen,
ob man sich das Ja-Wort sollte geben.
Doch dieses Brautpaar wird sicher für alle Zeiten
verliebt und glücklich zusammen bleiben.
Und das wollen wir heut feiern, ist doch klar!
Die Hochzeit begehen wir dann später –
Vielleicht noch in diesem Jahr?
Heut wolln wir nur frohe Gesichter sehn,
zusammen singen, lachen, spielen –,
bis wir auseinander gehn!

Verlobungsglückwunsch! – Ja, nun naht
der Ernst des Lebens eurem Pfad.
Denkt stets daran: Man kann zu zwein
gemeinsam ernsthaft heiter sein!

Die Antwort

Ein Mensch, der einen herzlos kalten
Absagebrief von ihr erhalten,
von ihr, die er mit Schmerzen liebt,
erwägt, was er zur Antwort gibt.
Mit Hilfe von Gedankensäure
füllt er sich Bomben, ungeheure,
beginnt ein Schreiben aufzusetzen,
das dieses Weib in tausend Fetzen
(so grau'nvoll nämlich ist sein Gift!)
zerreißen muss, wenn es sie trifft.
Genau die Sätze er verschraubt,
bis er die Zündung wirksam glaubt.

Zum Schlusse aber schreibt er ihr:
»Ich liebe dich. Sei gut zu mir.«

Eugen Roth

Das Wort »Verlobung« hört man gern,
weil man gestehen muss:
Das ist für Damen und für Herrn
ein herzlicher Entschluss.
Stets sei euch sehr verliebt zumute.
Von Herzen Glück! Und alles Gute!

Vergleichbar den Verlobungsringen
aus echtem, fugenlosem Gold,
so bleibe euch in allen Dingen
das Glück der Liebe immer hold!

Trennen euch mal weite Hügel,
ist kein Kümmernis daran.
Eure Liebe hat ja Flügel,
die euch niemand binden kann.

Es kauften goldene Ringelein
die Silke und der Heiner ein.
Die waren ganz schön teuer!
Und bald schon tragen sie die Dinger
voll Stolz am linken Finger,
wie sichs gehört – zur Hochzeitsfeier!

Herrenloblied

Als Gott die schöne Erdenwelt geschaffen
mit Seen und Bergen – da hielt er sinnend an.
Sie schien ihm viel zu schön für Mensch und Affen,
und gut gelaunt schuf er den ersten Mann.

Gab ihm Verstand, gab Augen ihm zu schauen,
gab ihm ein Herz voll Sehnsucht nach den Frauen.
»Nun sei vergnügt, mein Sohn,
ich teil dir zu das ganze Paradies, es werde dein!«

Doch Adam packte bald die Langeweile –
er fühlte sich so einsam und alleine.
Drum sprach er: »Herr, schaffe doch so was wie meinesgleichen,
es darf jedoch nicht ganz an meine Hoheit reichen.«

»Es sei,« sprach drauf der Herr,
»so schlummere denn noch ein wenig ein.«
Als Adam bald darauf nach kurzem Schlaf erwachte,
stand Eva schelmisch neben ihm – und lachte.

Und somit hab ich recht, wenn ich erkläre,
dem Manne nur verdanken wir des Daseins Pracht.
Hätt er sich nicht gelangweilt, dann, auf Ehre,
wär unser bei der Schöpfung kaum gedacht.

Wir wären Staub nur, ungeboren,
und ach, o Welt, was wäre dir verloren!
Der Mann ists, der uns zarten Wesen soll gebieten,
uns ziemt Gehorsam nur – uns armen Nieten.

So steht es in der Bibel schon geschrieben,
so will es Vorschrift, Sitte und Natur,
und pochend auf dies Recht befiehlt der Mann
uns armen Frauen – das heißt: so viel er kann …

So hebt das Glas den Männern aller Zonen,
ob sie in Frankreich, Spanien, Portugal,
ob sie in Russland oder Deutschland wohnen,
ist ihre Heimat nur der Erdenball.

Zuerst jedoch, ihr werdet Recht mir geben,
erhebt das Glas und lasst hier unsere Herren leben!!!

Die Frau

Gott schuf die Welt vor allen Zeiten;
zum Schluss vom Mann ein Exemplar.
Und das schien freilich anzudeuten,
dass er schon etwas müde war.

Wie er nun sein Geschöpf beäugte,
da fehlte dies und fehlte das,
und an dem ganzen Manne taugte
nur eine Rippe wirklich was.

Da hat der Schöpfer sich besonnen
und hat ein neues Werk durchdacht,
hat diese Rippe fortgenommen
und eine Frau daraus gemacht.

Die wurde auch bedeutend schöner,
so fein, von Rauheit keine Spur,
ein Bild – das Herze schlägt uns höher
bei diesem Werk, das heißt Natur.

So manches hat er ihr gegeben,
heiß wurds dem Adam, der sie sah.
Drum lassen wir die Frauen leben,
denn ohne Frau'n wärn wir nicht da.

Und zu der Frauen gerechtem Lobe
erkennt man auf dem ersten Blick:
Den Mann schuf Gott ja nur zur Probe,
wir Frauen sind sein Meisterstück!

Eine kluge Frau fragt nicht, wo ihr Mann gewesen ist.
Eine kluge Frau weiß es!

Die Frau ist ein Löschblatt. Sie nimmt alles auf – und gibt es verkehrt wieder.

Die Frau weint vor der Hochzeit, der Mann weint später.

Frauen schmücken sich zuletzt für ihre Männer, dann erst für die Freundinnen. Aber zuerst für die Feindinnen.

Die Männer machen aus Frauen vieles, was sie nicht sollen.
Die Frauen machen aus den Männern alles, was sie wollen.

Frauen schenken den Männern das Geld ihres Lebens, verstehen es aber auch vortrefflich, das Geld immer wieder in kleinen Münzen zurückzuverlangen.

Eine Frau freut sich nicht über ein neues Kleid, weil sie es hat, sondern weil andere Frauen es nicht haben.

Die Frauen denken, es sei die Bestimmung der Männer, Geld zu verdienen, und ihre eigene Bestimmung, dieses Geldes durchzubringen.

Polterabend

Wenn du heute mit uns polterst
und auf unsrer Schwelle stolperst
über einen Haufen Scherben,
lass dir nicht die Laun' verderben!
Scherben bringen immer Glück,
Scherben bannen Missgeschick,
und zwar – dieses wünschen wir –
nicht nur uns, sondern auch dir!

Der Polterabend ist eine besonders lustige Feier ohne Förmlichkeit, das Fest der jungen Freunde von Braut und Bräutigam. Sie zerschlagen Geschirr und sorgen für Stimmung. Viele Verse spielen auf die angebliche Eheunlust des Bräutigams oder Herrschsucht der Braut an oder auf die Unmöglichkeit, in der Ehe treu zu sein. Das gehört zum traditionell derben Ton dieses Festes und wird die Brautleute kaum verletzen.
Der Polterabend findet traditionellerweise im Haus der Brauteltern am Abend vor der kirchlichen Trauung statt, häufig auch einige Tage oder eine Woche davor. Neben seine Tradition tritt heute der Junggesellenabschied, bei dem der Bräutigam mit seinen Freunden durch die Kneipen zieht, während die Braut mit ihren Freundinnen in der Disco tanzt.
In vielen Gegenden ist es üblich, dass jeder, der von der bevorstehenden Hochzeit erfahren hat, an diesem Abend im Haus der Brauteltern willkommen ist und so lange bleiben kann, wie er mag (oder bis die Brautmutter ihn hinauswirft, weil sie dafür sorgen muss, dass am nächsten Tag alle ausgeschlafen sind).

Weshalb heiratet man?

Der eine tuts um die Dukaten,
der zweite um ein hübsch Gesicht,
der dritte darf nicht länger warten,
der vierte, weil Mama so spricht.
Der fünfte will sich einmal setzen,
der sechste ist nicht gern allein,
der siebte hofft, sich zu ergötzen,
der achte möcht auch einmal frein,
beim neunten sind es Mitleidstriebe,
doch ihr – ihr heiratet sicher
nur aus Liebe.

Der Mund

Es wird behauptet – und mit Grund –,
ein nützlich Werkzeug sei der Mund.
Zum Ersten lässt das Ding sich dehnen
wie Guttapercha, um zu gähnen.
Ach, Grete, wenn du dieses musst,
tu es im Stillen und mit Lust!

Zum Zweiten: Wenn es grad vonnöten,
kann man ihn spitzen, um zu flöten.
Sitzt dann der Schatz auch mal allein,
dies wird ihm Unterhaltung sein.

Zum Dritten lässt der Mund sich
brauchen,
wenns irgend passend, um zu rauchen.
Dies kannst du deinem guten Gatten,
der darum bittet, wohl gestatten.

Zum Vierten ist es kein Verbrechen,
den Mund zu öffnen, um zu sprechen.
Vermeide nur Gemütserregung,
sprich lieber sanft, mit Überlegung.
Denn mancher hat sich schon beklagt:
»Ach, hätt ich das doch nicht gesagt!«

Zum Fünften, wie wir alle wissen,
so eignet sich der Mund zum Küssen.
Sei's offen oder sei's verhohlen,
gegeben oder nur gestohlen,
ausdrücklich oder nebenher,
bei Scheiden oder Wiederkehr,
zum Frieden und nach Kriegeszeiten:
Ein Kuss hat seine guten Seiten!

Zum Schluss jedoch nicht zu vergessen:
Hauptsächlich dient der Mund zum
Essen.
Gar lieblich dringen aus der Küche
bis an das Herz die Wohlgerüche.
Hier kann die Zunge fein und scharf
sich nützlich machen, und sie darf!
Hier durch Gebrötel und Gebrittel
bereitet man die Zaubermittel
in Töpfen, Pfannen oder Kesseln,
um ewig den Gemahl zu fesseln.
Von hier aus herrscht mit schlauem Sinn
die Haus- und Herzenskönigin. –

Lieb's Gretchen! Halt dich wohlgemut,
Regiere mild – und koche gut.

Wilhelm Busch
zur Hochzeit seiner Schwester

Die Sockentante

Ach, wie musst er ehedem,
frieren an den nackten Zeh'n!
Fehlten doch dem armen Knaben
Socken, wie's die andern haben.
Wie einst Franz, der fromme Mann,
kam der Junge barfuß an.

Doch die Mutter wusste schon
Rettung für den armen Sohn,
da sich eine Patentante
mit der Frage an sie wandte,
was denn zum Geburtstagsfeste
für Andreas sei das Beste.
Und die Antwort kam im Nu:
Socken braucht der arme Bu'!

In den Wollestrumpfgeschäften
kauft' sie Elbeo, die Besten.
So bekam er jedes Jahr
zum Geburtstag noch ein Paar.

Doch in völlig neuem Lichte
zeigt sich heute die Geschichte.
Die schöne Ute führt er heim,
morgen soll die Hochzeit sein.
Mein Geschenk, was mags wohl sein?
Ein Paar Socken, hübsch und fein.

Hausgemacht aus weichem Garn
Hälts nicht nur die Füßlein warm,
eingestrickt sind bunte Gedanken,
die sich um eure Zukunft ranken.
Tausend gute Wünsche sitzen
in den Fersen und den Spitzen.
Euch viel Glück, bleibt guter Dinge!

Eure Patentante Inge.

Mit der Ehe ist es wie mit einer Mausefalle. Die nicht drin sind, wollen gern aus Neugier hinein. Und die drin sind, wollen mit Gewalt wieder raus.

Ehestandsfreuden

Die Hochzeit ist, bei meiner Treu,
ein pudelnärrisch Ding!
Man isst und trinkt sich voll dabei,
dann heißt es: Tanz und spring!
Sechs Wochen gehts so schummrig hin,
da ist man taub und blind;
die Eh'leut sind ein Herz, ein Sinn,
da heißts: »Mein Schatz, mein Kind!«
Da treibt man lauter närrisch Zeug;
man lebt, man weiß nicht wie.

Der Eh'stand ist ein Himmelreich
voll lauter Harmonie.
Doch sieht mans nach nem Jährchen an,
da dreht sich schon der Wind;
da zankt das Weib, da schimpft der
Mann,
da schreit ein Wickelkind.
Da brummt das Weib, und er noch
mehr,
das Kind hält auch kein' Fried;
da heißt's: »Nimms Schiebewägle her
und sing ein Wiegenlied!«

Der Eh'stand ist gemischte Speis,
halb sauer und halb süß;
Oft komm'n die Kinder haufenweis,
man lebt im Paradies!
Da schrei'n die Engel: Qua, qua, qua,
die Ohren tun ein'm weh;
der Mann läuft fort zum Biere da,
das Weib trinkt brav Kaffee.
Der Kinder sind ja nicht zu viel,
es sind nicht mehr als zwölf!
Und in der Nacht, da heulen sie,
und fressen tags wie Wölf.

Der Ehestand ist, meiner Treu,
ein' ganz verzwickte Sach';
man liebt, bis es damit vorbei,
dann heißts: Nu heul und lach!
Doch jetzo hat der Spaß ein End;
man löscht die Lichter aus;
der Bräut'gam schon vor Liebe brennt
und führt die Braut nach Haus!

Aus Franken

Der Scheidungsgrund

Personen: Ein Rechtsanwalt, ein Mann.
Die Szene spielt in einem Büroraum. Hinter dem Schreibtisch, auf dem Akten liegen, sitzt der Anwalt.
Auf einem großen Stuhl ein kleiner, schüchterner Mann.

Anwalt: Na schön, Sie wollen sich also scheiden lassen. Kommt in den besten Familien vor – kann man nichts machen. Also, passen Sie auf: Zuerst müssen Sie mir einmal sagen, was eigentlich zwischen Ihnen und Ihrer Gattin vorgefallen ist …

Mann: *(richtet sich auf)* Meine Frau hat mich geschlagen!

Anwalt: Tatsächlich?

Mann: Sie hat mich geschlagen!

Anwalt: Geschlagen … Hm, na ja. Warum?

Mann: Das kann ich nicht sagen, Herr Doktor.

Anwalt: Erlauben Sie mal: Vertrauen müssen Sie zu mir haben. Ich bin als Anwalt eine Art Mutter, und Sie sind das Kind, das voller Vertrauen zum Mütterlein kommt, nicht wahr? Sie meinen also: Sie wollen es nicht sagen?

Mann: Nein, nein, sagen will ich es schon …

Anwalt: *(verzieht unmutig das Gesicht)* Sie müssen mir, wenn ich Sie vertreten soll, natürlich eine genaue Auskunft geben, nicht wahr? Hatte Ihre Gattin einen Grund, so zu handeln?

Mann: Einen Grund? Nein … einen Grund hatte sie eigentlich nicht!

Anwalt: *(ärgerlich)* Na, wie ging denn die ganze Sache vor sich?

Mann: *(überlegt eine Weile)* Na ja, es war so … sie … sie, ich meine, meine Frau, nein, so wars: Ich kam ins Zimmer, da kam sie gleich auf mich zu und schlug mich …

Anwalt: Sie muss doch einen Grund dazu gehabt haben!

Mann: Viel-vielleicht, Herr Doktor …

Anwalt: Vielleicht! Was heißt vielleicht!

Mann: Wenn – wenn sie einen Grund hatte, Herr Doktor, dann – dann muss sie ihn ja kennen – woher soll ich denn das wissen?

Anwalt: *(betont ruhig)* Aber, mein lieber Herr, Sie müssen ihr dann doch wohl den Grund gegeben haben! Ohne weiteres verhaut eine Frau doch ihren Mann nicht!

Mann: Aller-allerdings nicht. Ich – ich war ja auch sehr – sehr überrascht. Ich kam doch bloß rein, und da –

Anwalt: Und da?

Mann: Und da schlug sie zu ...!

Anwalt: *(hebt einen Aktenstapel hoch und lässt ihn wütend auf die Tischplatte poltern)* Das gibt es nicht, lieber Herr! Sie müssen Ihrer Frau doch irgend etwas angetan haben. Haben Sie sie beschimpft – oder sind Sie vielleicht – ich meine: haben Sie sich etwas vorzuwerfen?

Mann: *(starrt den Anwalt mit weit geöffneten Augen an)* Ich? Ich habe ... habe bestimmt nichts getan, ich ganz bestimmt nicht, Herr Doktor, das – das dürfen Sie mir glauben! Sie hat es doch getan! Sie hat mich geschlagen!

Anwalt: *(sehr wütend)* Herr! So kommen wir nicht weiter! Dazu ist mir meine Zeit zu kostbar. Nun rücken Sie endlich mit der Sprache heraus! Wenn Ihre Frau Sie, ich wiederhole es noch einmal, wenn Ihre Frau Sie geschlagen hat – dann muss etwas vorgefallen sein. Sie muss einen Grund dazu gehabt haben. Sehen Sie das ein?

Mann: Ja.

Anwalt: Schön. Was hatte Sie also, dass sie schlagen konnte?

Mann: *(strahlend)* Ach so! So meinen Sie das, Herr Doktor! Sie hatte einen Besenstiel in der Hand ...!

Warnung

Selbst die glücklichste der Ehen
hat einmal ein Ungemach;
selbst die besten Männer gehen
einmal ihren Launen nach.
Wer sich von dem Eheringe
goldne Tage nur verspricht,
oh, der kennt den Lauf der Dinge
und das Herz des Menschen nicht.
Manche warf sich ohne Sorgen
in des Mannes Arm wie du,
und beweint' am andern Morgen
ihre Freiheit, ihre Ruh.
Aus dem Sklaven ihrer Blicke
ward ein mürrischer Tyrann,
dessen Herz voll schwarzer Tücke
nur auf ihre Marter sann.
Doch dein Glück dir selbst zu schaffen
steht allein in deiner Hand;
die Natur gab dir die Waffen,
gab dir Sanftmut und Verstand.
Lerne deines Liebsten Herzen
liebevoll entgegensehn,
leichte Kränkungen verschmerzen,
kleine Fehler übersehn.

Friedrich Wilhelm Gotter

Der Ehestand

O wie lieblich, o wie schicklich,
sozusagen herzerquicklich
ist es doch für eine Gegend,
wenn zwei Leute, die vermögend,
außerdem mit sich zufrieden,
aber von Geschlecht verschieden,
wenn nun diese, sag ich, ihre
dazu nötigen Papiere
sowie auch die Haushaltsachen
endlich mal in Ordnung machen
und in Ehren und beizeiten
hin zum Standesamte schreiten,
wie es denen, welche lieben,
vom Gesetze vorgeschrieben.
Dann ruft jeder freudiglich:
»Gott sei Dank! Sie haben sich!«

Wilhelm Busch

Versäumter Augenblick

Ein Mensch, der beinah mit Gewalt
auf ein sehr hübsches Mädchen prallt,
ist ganz verwirrt; er stottert, stutzt
und lässt den Glücksfall ungenutzt.
Was frommt der Geist, der aufgespart,
löst ihn nicht Geistesgegenwart?

Der Mensch übt nachts sich noch im Bette,
wie strahlend er gelächelt – hätte.

Eugen Roth

Ein Erlebnis

Ein Mensch erblickt ein Weib von fern
und säh es aus der Nähe gern.
Er eilt herbei zu diesem Zweck,
doch zwischen beiden liegt ein Dreck.
Der Mensch, ganz Auge, anzubeten,
ist blindlings da hinein getreten.
Nicht angenehm für seine Schuhe –
doch gut für seine Seelenruhe.

Eugen Roth

Klagelied eines Junggesellen

Mir fehlt etwas, mir ist nicht recht,
doch wüsst ich wohl, was ich wohl
möcht.
Ich möchte was und weiß warum,
das geht mir so im Kopf herum.

Heut sprangen mir von meiner Hos'
schon wieder mal zwei Knöpfe los.
Da setzt ich mich und näht herum
wohl eine Stund, bis ich ganz krumm.
Bin dann zu Probsten hingerennt,
zu schlürfen, was man Kaffee nennt.
Da fühlt ich wieder mal so recht,
dass mir was fehlt, was ich wohl möcht.

Ein Gast, ein traurig schmerzensvoller,
saß ich zu Mittag dann beim Koller.
Die Serviette war beschmutzt,
die Gabel war nicht abgeputzt,
kurzum, ich fühlte da so recht,
dass mir was fehlt, was ich wohl möcht.

Und abends in der Dämmerfrist,
wenn man so ganz alleinig ist,
da möcht ich wohl so dann und wann
etwas zu titscheln-tatscheln hab'n.
Jedoch – da fühle ich so recht,
dass mir was fehlt, was ich wohl möcht.

Was soll der Mensch des Abends tun?
Ich denk, zum Kappler geh ich nun.
Da sitz ich so bei meinem Bier
als wie ein rechtes Murmeltier
und fühle wieder mal so recht,
dass mir was fehlt, was ich wohl möcht.

Nun tönt die Glocke zwölf vom Turm.
Ich muss nach Haus, ich armer Wurm.

Wilhelm Busch

Hochzeit

Menü der Woche für Verliebte

Sonntag:	Liebessuppe mit Sehnsuchtsknödel
Montag:	Verlangensmus mit Hingebungssauce
Dienstag:	Erhitzte Herzen mit Ohrenschmaus
Mittwoch:	Erholungspasteten mit Einlage
Donnerstag:	Leichter Streitauflauf mit Verstimmungstrunk
Freitag:	Zungenragout mit Lippensalat
Sonnabend:	Allerlei aufgewärmte Liebesäpfel

Das schönste Familienfest ist ohne Zweifel die Hochzeit. Es bietet Gelegenheit zu Vorträgen aller Art. Beim Festmahl reden der Pfarrer, die Väter und die Paten – Grund genug für Rührung und ernst-heitere Mahnungen. Während des Tanzes kommen die Geschwister und Freunde zu Wort und bieten Heiteres aus dem Leben des Brautpaars. Auch Kinder sind oft schon sehr professionelle Auftrittskünstler!
Steht oder sitzt Ihre Hochzeitsgesellschaft noch ein wenig steif herum, wollen sich die Familien- und Freundeskreise nicht recht mischen? Da kann ein gemeinsam gesungenes Lied Wunder wirken, vor allem, wenn dazu auch noch geschunkelt wird oder alle gleichzeitig aufstehen oder in die Hände klatschen. Halten Sie die Liedtexte bereit, damit alle Festteilnehmer sie bequem ablesen können.

Hochzeitslied

Melodie: Eine Seefahrt, die ist lustig

Eine Hochzeit, die ist lustig, eine Hochzeit, die ist schön,
denn da kann man die Verwandten und Bekannten alle sehn.
Refrain: *Hollahi …*

Seht die Väter, seht die Mütter, seht die große Kinderschar,
alle Leute freun sich heute, und es strahlt das Hochzeitspaar.

Und es spricht der liebe Opa zu der lieben Omama:
»Weißt du noch, wie es vor Jahren auch bei uns so lustig war?«

Ja, die Jugend, die muss toben, dafür ist man einmal jung,
schwört sich Liebe, schwört sich Treue und ist wunderbar in Schwung.

Und wir wünschen Glück und Segen, und wir leeren manches Glas!
Hand in Hand sitzt unser Pärchen, und das Feiern macht uns Spaß!

Ach, was sind die Flitterwochen doch für eine schöne Zeit!
Später heißt es Strümpfe stopfen, und der Kochtopf steht bereit!

Später heißt es: Brav verdienen! Zahlen, zahlen, lieber Mann!
Ach, was so ein Haushalt kostet, kaum dass mans erschwingen kann!

Wenn die Liebe bliebt bestehen, ist gesegnet Jahr um Jahr.
Und bei allen Alltagssorgen seid ihr stets ein glücklich Paar!

Hoch die Gläser, hoch das Leben! Hoch das junge Hochzeitspaar!
Und wir wünschen euch von Herzen eine große Kinderschar!

Ein Kind mit einem Kochlöffel

Ich bin zwar noch klein, doch gar nicht bange.
Und ich kenn dich, liebe Braut, schon so lange.
Drum bring ich diesen Kochlöffel hier
zur Hochzeit – und ich wünsche dir
viel Glück – und lasse dir noch sagen:
Die Liebe des Mannes geht durch den Magen.
Koch deinem lieben Mann nur das Best',
dann wird für euch jeder Tag zu einem Fest!

Der Regenschirm

Gar manches wird besungen auf diesem Erdenball,
die Liebe und die Schönheit, der Mops, die Nachtigall.
Pantoffel, Mond und Sterne, ein ganzes Firmament,
doch ich will euch besingen ein lustig Instrument.
Ich spann den Schirm und schiebe los,
ja, so ein Schirm, der ist famos.

Einst ging ich mal spazieren, ganz elegant und fein,
da sah ich an der Ecke mein Schneidermeisterlein.
Dreimal hat er gemahnet, der angepumpte Mann,
er durfte mich nicht sehen, denn ich hatt den Anzug an.
Ich spann den Schirm und schiebe los,
ja, so ein Schirm, der ist famos.

In einem kleinen Garten ein zärtlich Liebespaar,
doch eines war nicht schöne, dass es so helle war.
Man wusste sich zu helfen, der Schirm ward aufgespannt,
und hinter solchen Dingen geschieht so allerhand.
Man hörte nichts – mh – mh,
man hörte nur baf, baf, baf,
denn so ein Schirm, der ist famos.

Jetzt ist mein Lied zu Ende, und ich zurück mich zieh,
auf dass mit mir verschwinde mein holdes Parapluie
(Regenschirm).
Und wird nachdem gepfiffen, das ist mir ganz egal,
denn ich weiß mir jetzt zu helfen für ein und alle Mal.
Ich nehm den Schirm und schiebe los,
ja, so ein Schirm, der ist famos.

Verschmähte Liebe

Bei diesem Ein-Personen-Sketch tritt eine alte Vettel auf, die aus ihrem Korb zur rechten Zeit einen riesigen, schwärzlichen Zahn herauszieht.

Ich hörte, dass in diesem Hause
gefeiert wird ein Hochzeitsfest?
Das ist der Mann, der mich betrogen
und mich nun einfach sitzenlässt!

Ich hielt es einfach nicht für möglich,
dass so was mir wurd angetan,
doch seh ich jetzt mit eignen Augen,
dass ich wohl nichts mehr ändern kann.

Er hat nun wirklich eine andre;
und mich lässt schmählich er im Stich! –
Das nennt man also – Männertreue! –
Du Herzensbrecher, schäme dich! –

Ich könnte weinen, könnte heulen;
ach, nun ist es für immer aus. –
Du hattest mir die Eh' versprochen!
War ich nicht deine »süße Maus«?

Ich kann es dir auch noch beweisen,
wie stürmisch du mich hast geküsst:
Den Zahn hast du mir rausgebrochen!
Das als Beweis genügen müsst! –

Ich schenke dir den Zahn zur Hochzeit
und wünsche dir trotz allem Glück.
Für mich ist dieser Fall erledigt;
ich füge mich in mein Geschick.

Hochzeitslied

Melodie: Gold und Silber lieb ich sehr

Glück mit dir, du junges Paar,
Glück zum Hochzeitsfeste
wünscht von Herzen immerdar
euch die Schar der Gäste.
Wie ihr euch gelobt in Treu
heut vorm Traualtare,
sei die Lieb euch immer neu
über viele Jahre.

Mög' der Himmel Jahr für Jahr
eure Arbeit segnen
und im Haus auch immerdar
euch das Glück begegnen.
Strebt getreulich Hand in Hand
gleichem Ziel entgegen,
dann blüht eurem Ehestand
täglich neuer Segen.

Teilt gemeinsam jede Freud,
dass sie zweifach blühe.
Tragt zusammen alles Leid,
dass nur halb die Mühe.
Gönnt euch stets ein liebes Wort,
lasst die bösen schweigen,
dann wird wachsend fort und fort
euch das Glück sich neigen.

Die Pflanzenhochzeit

Melodie: Ein Vogel wollte Hochzeit machen

Die Pflanzen wollten Hochzeit machen
an dem Wiesenraine.
Refrain: *Fiderallala, fiderallala,*
fiderallalalala.

Der wohlbeleibte Kopfsalat,
das war der Ehekandidat.
Die Erika, das Heidekraut,
das war die jungfräuliche Braut.
Die alte Eiche hoch bestammt
fungierte stolz als Standesamt.
Die Myrte, die Myrte,
die war der Seelenhirte.
Die Glockenblumen läuten laut,
als man das junge Paar getraut.
Das Gänseblümchen nah verwandt,
das trug der Braut das Schleppgewand.
Und als die Myrte sie vereint,
da hat die Zwiebel laut geweint.
Der Rittersporn gab das Signal
zu einem üpp'gen Hochzeitsmahl.
An Fliegenpilzen war gedeckt,
darin die Veilchen eingesteckt.
Die Becher füllt die Akelei
mit frischem Tau ganz »extra dry«.
Der Hahnenfuß klopft jetzt ans Glas,
Silentium, jetzt tut sich was.
Zuerst erhob sich der Salbei,
sprach frei und salbungsvoll dabei.
Voll Inbrunst singt die Rü-übe
nun laut das Lied der Li-iebe.
Zwei wohlerzogne Scho-oten,
die sangen nun nach No-oten.
Die A-aster, die A-aster,
die tanzte mit dem Pa-aster.
Und alles tanzte groß und klein,
es wiegt und wogt am Wiesenrain.
Der Goldlack stößt den Efeu an:
»Mensch, riech bloß mal den
Thymian!«
Der Mohn in seinem roten Kleid,
der hätt die Braut auch gern gefreit.
Die Erle, die E-erle,
die bracht der Braut ne Perle.
Die Ros' mit ihrem schönen Duft,
gab jedem einen süßen Kuss.
Man feiert durch die ganze Nacht
und hat kein Auge zugemacht.
Doch als der neue Tag erwacht,
da haben alle blau gemacht.
Das Brautpaar war jetzt seelenfroh
und drückte sich inkognito.
Die Pflanzenhochzeit ist nun aus,
die Gäste gehn vergnügt nach Haus.

Zehn Gebote für die Ehefrau

1. Du sollst keine anderen Männer haben neben ihm!
2. Du sollst aus einem alten Oberhemd zwei neue Blusen nähen können.
3. Du sollst auf Anhieb wissen, wo der Herr des Hauses etwas wiederfindet, das er verkramt hat.
4. Du sollst aufmerksam und gläubig seinen Aufschneidereien lauschen.
5. Du sollst mit wenig Geld im Stil der Grand Hotels wirtschaften können.
6. Du sollst im Voraus spüren, mit welcher Laune dein Mann von der Arbeit nach Hause kommt.
7. Du sollst mürrisches Schweigen als leichtes Lob auffassen.
8. Du sollst aus einem Kopfsalat und drei Eiern ein repräsentatives Abendessen für die Freunde deines Mannes herrichten können (auch wenn er sie unangemeldet mitbringt).
9. Du sollst über eine kleine Liaison deines Mannes verständnisvoll und milde lächelnd hinwegsehen: Mit seiner Liebe zu dir hat das schließlich gar nichts zu tun.
10. Du sollst ihn liebevoll hegen und pflegen, denn merke: Dein Mann (das unbekannte Wesen) ist eine ganz besondere Züchtung = Kreuzung zwischen Mimose und Distel!

Das Ehebarometer

Folgt der Klaus stets seiner Frau,
ist der Himmel immer **blau**

Geht er schnell auf alles ein,
ist gleich wieder **Sonnenschein**

Ist er auch ihr Begleiter,
ist der Himmel immer **heiter**

Dass es ewig doch so bliebe,
sonst wird bald der Himmel **trübe**

Lässt er sich nicht zum Spaziergang
bewegen, gibt es einen **Tränenregen**

Will er mal die Kehle feuchten,
dann beginnt ein **Wetterleuchten**

Kauft er nicht, was sie bestellte,
kann entstehen **Nordpolkälte**

Ist es ihm zu hoch im Preis,
folget sicher **Schnee und Eis**

Drum ehrt die Frauen wie die Götter,
dann ist immer **schönes Wetter**

Spruch zur Vermählung

Vorgetragen zu München am 6. September 1779, da die Tochter Maria des Apothekers Josef Bachmair aus Pasing und dessen Ehehalterin Elisabeth, geborener Wilbert, mit dem Apotheker Jost Hackl aus Regensburg zur Heirat schritt

Mit der Liebe ists, so hat es fast den Schein,
wie mit vielen andern tausend Sachen:
Als Neuheiten sie riesige Freude machen,
doch bald sargt man sie überdrüssig ein.

Drum gleicherweise Mann wie Frau bedenken mag:
Man soll sich voreinander ein bisschen verstecken,
nur langsam Gut's, auch Schlecht's dem andern entdecken.
So wird euch stets zum Fest ein jeder neue Ehetag.

Widmung zur Hochzeit

Schön ist es, wenn zwei Sterne
sich nahe stehn am Firmament,
auch schön, wenn zweier Rosen
Röte ineinander brennt.

Doch in Wahrheit immer
ists am schönsten anzusehn:
wenn zwei, die sich lieben,
selig beieinander stehn.

An Braut und Bräutigam

Ein weiter Weg liegt nun vor euch, ein Weg durch Freud und Leiden,
er bringt euch nah, er macht euch firm und gönnt das Glück euch beiden.

Es kann nicht immer Sonntag sein, es gibt auch graue Stunden,
dann fragt es sich, wie das Rezept, das ihr zu zweit gefunden.

Am besten ist, ihr bleibt zufrieden, was immer auch geschehen mag,
denn selbst den bösesten Gewittern folgt garantiert ein schöner Tag!

Segenswunsch für das Brautpaar

Bewahret einander vor Herzeleid.
Kurz ist die Zeit, die ihr beisammen seid!
Und wenn auch Jahre euch vereinen,
einst werden sie euch wie Minuten
erscheinen.

Ein kleines Mädchen mit einem Paket

Heute werdet ihr getraut,
Bräutigam seid ihr und Braut!
Ich bin erst … Jahre alt,
hoffentlich bekomm ich bald
auch nen lieben guten Mann,
weil ichs kaum erwarten kann,
so vor dem Altar zu stehn
und wunderbar schön auszusehn.
Ich hab euch auch was mitgebracht,
das euch sicher Freude macht.

Brautpaars Küchenplan

Manche Hausfrau macht sich Sorgen
täglich um die Kocherei.
»Lieber Mann, was koch' ich morgen?
bringe mir nen Vorschlag bei.«

»Sei ganz unbesorgt, mein Liebchen,
ich geb dir schon einen Rat.
Montags kochst du gelbe Rübchen,
abends gibts Selleriesalat.

Und am Dienstag, liebes Kleinchen,
kochst du frisches Sauerkraut.
Holst ein Rippchen von dem
Schweinchen,
davon bin ich sehr erbaut.

An dem Tage, wo die Woche
wird geteilt, mein liebes Kind,
kannst du Hülsenfrüchte kochen,
weil die »leicht verdaulich« sind.

Donnerstag, mein liebes Schätzle,
gibt es wieder, wie apart,
feine Grütz mit Leberwürstle,
denn das Geld wird schön gespart.

Freitag möchte ich mich laben,
mal an einem frischen Hecht,
doch, da wir kein Geld mehr haben,
ist mir auch ein Hering recht.

Samstag dann zum Wochenende,
mache Grieben mit Salat,
dazu denken wir uns Lende,
siehst du, Frau, so wird gespart.

Sonntag bist bei deinem Männchen
eingeladen du zu Tisch,
er schlägt Eier in ein Pfännchen,
eins für dich und drei für sich!

So, nun hab ich für die Woche
einen Plan dir aufgestellt,
liebe Frau, nun kannst du kochen,
doch verlang von mir kein Geld!!!«

Ehestandsregeln

An Sie:
Steh pünktlich auf, schlaf nicht zu lang,
sonst gibt es gleich am Morgen Zank.
Sorg stets, dass auf dem Frühstückstisch
der Kaffee gut – die Semmel frisch –
dass schmackhaft und zur rechten Zeit
das Mittagessen sei bereit.
Das Reinemachen muss geschehn,
dass ers nicht braucht mit anzusehn.
Kommt von der Arbeit er nach Haus,
sieh du stets froh und lustig aus.
Geht er mal abends fort zum Wein,
so darfst du nicht gleich böse sein.
Denk an den Spruch von Meister
Goethe:
»Zu Hause bläst der Mann die Flöte.«

An Ihn:
Liegt sie des Morgens süß in Ruh,
dann koch den Kaffee selber du.
Willst du besonders nett noch sein,
so bring ihn ihr ans Bettelein.
Sag, wenn versalzen ist die Suppe:
»Das schmeckt ja prächtig, süße
Puppe!«
Und wenn es einmal schlecht geraten:
»Das ist ja auch famos gebraten!«
Will sie einmal Gesellschaft geben –
so sage: »Recht, mein süßes Leben.«
Kommt mit dem Gelde sie nicht aus,
rück freudig noch ne Mark heraus.
Und – merke dir, mein lieber Junge:
Das Stiefelputzen stärkt die Lunge!

Ein Kind mit einem Blumenstrauß

Viel Glück wünsch ich zum Hochzeitstag
und dass der Strauß euch freuen mag
und auch der schöne Kuchen;
den möcht ich mal versuchen.

Heitere Eheweisheiten in Versen

Aus dem »Eutiner Kalender« von 1833

Für Ehemänner

Ein gutes Weib, dies merke fein,
will mit Vernunft behandelt sein.
Geh ihm liebkosend um den Bart,
nur – schmeichle nicht nach Katzenart.
Ihr biegsam Herz missbrauche nicht,
weil schwaches Werkzeug leicht zerbricht.
Macht irgendwas den Kopf dir kraus,
so lass es nicht am Weibchen aus!
Verlang nicht alles zu genau!
Du fehlst – warum nicht auch die Frau?
Treib nicht mit andern Minnespiel,
Dein Weib nur lieben ist dein Ziel!
Wenns Weibchen dich um Geld anspricht
und sie bedarfs, so knurre nicht!
Im Aufwand schränke zwar dich ein,
doch musst du auch kein Knauser sein.
Geh nicht zum Trunk und Spielen aus,
hast Zeitvertreib genug zu Haus.

Für Ehefrauen

Dein Wille, Weibchen, merk es fein,
muss stets des Mannes Wille sein.
Sprich nicht: Wir Weiber sind zu schwach!
Der Schwächre gibt am leichtsten nach.
Hats Männchen oft den Kopf so voll,
mach ihn durch Widerspruch nicht toll!
Ein freundlich Wort zur rechten Zeit
hat manchen Unmut oft zerstreut.
Ein Händedruck, ein Kuss, ein Blick
bringt frohe Laune oft zurück.
Auf Klatschereien höre nie,
denn nichts als Eh'zwist stiften sie.
Dein Zimmer, Putz und ganzes Haus
seh' allzeit nett und reinlich aus.
Dein schönster Schmuck ist Sittsamkeit,
dein größter Ruhm – Wirtschaftlichkeit.
Gibt Gott dir Kinder, liebe sie,
jedoch verzärtele sie nie!

Marktfrau

Wieder ein Sketch für eine Frau mit einem Korb. Diesmal tritt sie als robuste Marktfrau in der Kittelschürze auf und hat verschiedene Gemüse mitgebracht.

Schön guten Abend! Hier ist wohl Hochzeit heute?
I so was, nee – na, das ist ja ne Freude!
Ich hört es nämlich vorhin schonstens unten,
von Meyers – das sind nämlich meine Kunden.
Ja, und die meinten: »Keine Bange nich,
gehn Sie nur ran, die kaufen sicherlich!«
So'n junges Pärchen braucht doch was zum Kochen,
mal essen muss man auch in Flitterwochen,
denn von der Liebe wird man ja nicht satt,
das ist bekannt, das liegt für jeden glatt.
Hier hab ich Weißkraut, das kann ich empfehlen,
und Möhren, ach, wie Butter sind die weich,
wenn die Kartoffeln Sie dazu noch wählen,
da fühlen Sie sich wie im Himmelreich.
Das gute Rotkraut hab ich selbst gezogen,
und die Radieschen, die sind ungelogen
das Feinste, wo man von der Sorte hat.
Und Eier hab ich – Eier, sag ich Ihnen,
so groß und schön, die Sorte, die ist rar,
doch ich kann täglich frisch damit bedienen,
denn meine Hühner legen wunderbar.
Auch Butter hab ich, ungefälscht und billig,
na, die ist fett und schmeckt wie Sahne fein,
auch liefr' ich täglich allerfeinste Millich,
schon früh um fünf fahr ich zur Stadt herein.
Ja, kosten müssen Sie mal meine Proben,
ich stell mich übermorgen wieder ein,
ich weiß, Sie werden meine Ware loben,
für alle Zukunft treue Kunden sein.

Lied beim Einzug des Brautpaars

Ganz in Weiß, mit einem Blumenstrauß,
so siehst du in meinen schönsten Träumen aus.
Ganz verliebt schaust du mich strahlend an,
es gibt nichts mehr, was uns beide trennen kann.
Ganz in Weiß, so gehst du neben mir,
und die Liebe lacht aus jedem Blick von dir.
Ja, dann reichst du mir die Hand
und du siehst so glücklich aus.
Ganz in Weiß mit einem Blumenstrauß!

Jung gewohnt, alt getan.
Hat eine junge Frau einen alten Mann,
so liegt diesem viel daran,
dass er das Sprichwort erfüllen kann.

»Was zankt und prügelt ihr euch da,
ihr bösen Rangen?« fragt Mama.
Die Kinder sehn sie lächelnd an:
»Wir spielen Frau und Mann.«

Wenn du wissen willst, wie die Männer sind, musst du eine Frau sein. Willst du wissen, wie die Frauen sind, so frage den lieben Gott.

Jakob Lorenz

Glückliches Wandern!

Das ist die rechte Ehe,
wo zweie sind vereint,
durch alles Glück und Wehe
zu pilgern treu vereint.

Der eine Stab des andern
und liebe Last zugleich;
gemeinsam Rast und Wandern
und Ziel das Himmelreich.

Nach der Trauung

Ihr seid nun eins, ihr beide,
und wir sind mit euch eins.
Trinkt auf der Freude Dauer
ein Glas des guten Weins!
Und bleibt zu allen Zeiten
einander zugekehrt,
durch Streit und Zwietracht werde
nie euer Bund gestört.

Johann Wolfgang von Goethe

Hochzeitslied

Melodie: Gold und Silber lieb ich sehr
Vor dem Singen werden dünne Papiertüten vom Bäcker an alle Festgäste verteilt!

Heute wird ein schönes Fest froh von uns begangen,
höher schlägt ein jedes Herz, heiß erglühn die Wangen.
Wer am heutgen Tage hat hier sich eingefunden,
der genieße voller Freud diese schönen Stunden.

Jan und Heike, die sind nun richt'ge Eheleute,
hoffen wir nun, dass ihr Glück hält, und nicht nur heute!
Darum singen heute wir schöne Festtagslieder,
denn bestimmt – so jung wie heut, sehn wir uns nicht wieder.

Jetzt pusten alle Gäste ihre Papiertüten auf und lassen sie knallen.

Seht, wie blinkt der helle Wein hier in meinem Becher,
wie ertönen überall Lieder froher Zecher.
Das vor Glück der ganze Saal möge laut erschallen,
pustet eure Tüten auf, lasset sie erknallen.

An die Eltern des Brautpaars

Am Traualtare fanden heut
die Kinder sich zum Bunde.
Doch wer hat sie bisher betreut?
Umhegt zu jeder Stunde?

Der Eltern Liebe hat bewacht
die beiden jederzeit.
Der Eltern Treue hat bedacht
sie mit Geborgenheit.

Der Eltern Liebe gibts Geleit
auch jetzt zu eigenem Herd.
Dass immer Lieb und Einigkeit
dem Paare sei beschert.

Dass Elternliebe schütz' euch beide
durch viele Jahre noch,
darauf sei unser Glas geweiht,
Ingrid, Barbara, Jan und Walter, die Eltern leben hoch!!

Ordnung muss sein!

Bei einem großen Hochzeitsfest sollte alles gut bedacht und vorbereitet sein! Dazu gehören auch gewisse Bestimmungen!
Tipp:
Die Schwiegermütter/-väter oder Trauzeugen verkünden diese Bestimmungen im Wechsel.

1. Jeder muss selbst dafür sorgen, dass er sich amüsiert!
2. Ehemänner sollte man heute etwas kurz halten. Sie rasten leicht aus!
3. Ehefrauen soll man verwöhnen und umgarnen!
4. Schwiegermütter soll man immer verehren! Nicht nur heute!
5. Flirten darf man nur mit seinem/r Partner/in!
6. Zum Mitmachen/Mittanzen wird jeder verpflichtet. Andernfalls muss er als Solist auftreten.
7. Heute dürfen die Männer ein Wort riskieren, auch wenn sie zu Hause nichts zu sagen haben.
8. Das Tratschen ist den Damen heute nicht erlaubt. Wahrheiten dürfen gesagt werden.
9. Gäste, die einmal da sind, müssen so lange bleiben, bis das Fest aus ist. Und sei es im Morgengrauen!
10. Jeder muss zum Gelingen des Festes beitragen. Er darf reden, singen, tanzen, so viel und so laut er will. Nur nicht so falsch! Aber – er darf anderen nicht auf die Nerven gehen,
11. Damit ein Vortragender nicht merkt, wenn er sich blamiert, müssen alle Gäste immer kräftig klatschen.
12. Wer diese Bestimmungen nicht befolgt, wird zu keinem Fest wieder eingeladen.

So bleibt eine Ehe romantisch

Holen Sie ein bisschen die frühere Romantik zurück! Erinnern Sie sich an die Zeit, als Sie noch frisch verliebt waren?
Gehen Sie mal nachts spazieren.
Gehen Sie öfter mal ins Kino oder Theater.
Gehen Sie ab und zu nett essen.
Suchen Sie dann mal neue Restaurants auf!
Reden Sie sich wieder mit den lieben, alten Kosenamen an.
Entdecken Sie die heitere Seite an den Ereignissen des Alltags.
Lachen Sie viel zusammen!
Nehmen Sie sich mehr Zeit füreinander.
Kinder und Haushalt dürfen auch mal vernachlässigt werden.
Reden Sie dafür jeden Tag eine Stunde miteinander!

Gebote für Ihn

Ein gutes Weib, das merke fein,
will mit Vernunft behandelt sein:

Sanft sei dein Will' und dein Gebot,
der Mann ist Herr, doch nicht Despot!

Verlang' nicht alles zu genau,
lieb' auch die Fehler deiner Frau!

Für Weib und Kind leg was zurück –
sorg auch in Notzeit für ihr Glück!

Gebote für Sie

Dein Wille, Weibchen, merk es fein,
soll auch des Mannes Wille sein.

Hat er gar oft den Kopf sehr voll,
mach ihn durch Widerspruch nicht toll!

Geh ihm liebkosend um den Bart
und schmeichle ihm nach kluger Art!

Schenkt Gott dir Kinder, liebe sie –
jedoch verzärtele sie nie!

Der Geburtstag von jungen Leuten unter 50

Dein Jahrgang ist besonders gut!
So spritzig und voll Lebensmut.
Das er nicht umschlägt, will ich hoffen!
Prost, Burtsdag! Mensch, bin ich besoffen!

Geburtstage von jungen und, wie nenne ichs nur, mittelalten Menschen werden meistens fröhlich, unbefangen und voller Übermut gefeiert. Falls Ihre Party durchzuhängen droht, bringen Sie sie durch Spiele und Scherzfragen schnell wieder in Schwung. Die Gäste tragen durch Vorträge gern zum Gelingen der Party bei. Das Geburtstagskind wird dabei meistens »auf die Schippe genommen« und lacht selbst am lautesten.

Kurzgefasster Lebenslauf

Wer nicht zur Welt kommt, hat nicht viel verloren.
Er sitzt im All auf einem Baum und lacht.
Ich wurde seinerzeit als Kind geboren,
eh ichs gedacht.

Die Schule, wo ich viel vergessen habe,
bestritt seitdem den größten Teil der Zeit.
Ich war ein patentierter Musterknabe.
Wie kam das bloß? Es tut mir jetzt noch leid.

Dann gab es Weltkrieg statt der großen Ferien.
Ich trieb es mit der Fußartillerie.
Dem Globus lief das Blut aus den Arterien.
Ich lebte weiter. Fragen Sie nicht, wie.

Bis dann die Inflation und Leipzig kamen.
Mit Kant und Gotisch, Börse und Büro,
mit Kunst und Politik und jungen Damen.
Und sonntags regnete es sowieso.

Nun bin ich beinah vierzig Jahre
und habe eine kleine Versfabrik.
Ach, an den Schläfen blühn schon graue Haare,
und meine Freunde werden langsam dick.

Ich setze mich sehr gerne zwischen Stühle.
Ich säge an dem Ast, auf dem wir sitzen.
Ich gehe durch die Gärten der Gefühle,
die tot sind, und bepflanze sie mit Witzen.

Auch ich muss meinen Rucksack selber tragen!
Der Rucksack wächst. Der Rücken wird nicht breiter.
Zusammenfassend lässt sich etwa sagen:
Ich kam zur Welt und lebe trotzdem weiter.

Erich Kästner

Man wird bescheiden

Ein Mensch erhofft sich fromm und still,
Dass er einst das kriegt, was er will.
Bis er dann doch dem Wahn erliegt
Und schließlich das will, was er kriegt.

Eugen Roth

Der Vielaß

Ach, ein Unglück ohne Frage
ist das Essen, doch bei Tage
kann der Mensch nicht ohne dem
sein, und das ist unbequem.
Durch des Mundes enge Schleuse
zwängt mit Mühe man die Speise,
bis sie – klein und weich zerlutscht –
tiefer in den Magen rutscht.
Bald bemerkt man, nicht erheitert,
dass der Bauch sich stark erweitert,
und mit sauerem Gesicht
stellt man fest, dass das Gewicht
sich bedenklich hat verschoben
und zwar leider Gotts nach oben.
Moral:
Alles im Leben geht natürlich zu,
nur die Hose
geht natürlich nicht zu!

Heinz Erhardt

Geburtstag ist heut!

Heute kann es regnen, stürmen oder schnei'n,
Denn du strahlst ja selber wie der Sonnenschein,
Heut ist dein Geburtstag, darum feiern wir,
Alle deine Freunde freu'n sich mit dir.

Ist auch das Leben oft kunterbunt,
Bitte bleib noch lange glücklich und gesund.
Dich so froh zu sehen ist, was uns gefällt,
Tränen gibt es schon genug auf dieser Welt.

Wie schön, dass du geboren bist,
wir hätten dich sonst sehr vermisst,
wir freuen uns, dass wir beisammen sind,
und gratulieren von Herzen dir, liebes Geburtstagskind.

Zum Richtfest, Hausbau oder Einzug

Auch heute noch gilt dieser Brauch:
zum Einzugstage Salz und Brot,
dass nie ein Mangel euch bedroht.
Und gratulieren tun wir auch!

Das eigene Heim ist für die meisten Menschen wie eine zweite Haut, in der sie sich sicher und geborgen fühlen. Kein Wunder also, dass ein Einzug stets gefeiert wird. Ob im Verwandten-, Freundes- oder Kollegenkreis, ob im Eigenheim, einer Eigentumswohnung oder einer gemieteten Bleibe – die Feier ist stets eine Mischung von bodenständigem, ja derbem Humor und ernsten Untertönen.

Der Hausschlüssel

Das Kind trägt bei seinem Vortrag das große Modell eines Schlüssels aus versilberter Pappe oder versilbertem Sperrholz in der Hand und – wenn möglich – ein Brustschild aus mit Silberpapier bezogener Pappe.

Ich bin des Hauses Wächter
– ich prüfe alle, groß und klein –,
und wahrlich gar kein schlechter!
Und ohne mich tritt keiner ein!
Steht einer drauß', der Böses sinnt,
dann dreh ich meinen Bart geschwind!
Die Türe ist verschlossen,
der Böse geht verdrossen!
Steht einer drauß', der Gutes bringt,
hüpf ich im Schlösslein, dass es klingt,
und lass den Freudebringer ein,
denn ihr sollt allzeit glücklich sein!
Ich bin des Hauses Hüter,
der Schützer eurer Güter!
Bewahrt mich, wie ich euch bewahr!
Gesegnet sei euch jedes Jahr!

Mit den letzten Worten überreicht das Kind den Schlüssel.

Sehnsucht

Ich sehne mich nach einem Häuschen
in Bayern oder an der Spree,
ein Zimmer braucht es nur zu haben,
dazu ein Bad und ein WC.
Im Zimmer würde ich notieren,
was ich beim Baden grad gedichtet,
und im WC würd' dann das Machwerk
von mir gleich hinterrücks vernichtet.

Heinz Erhardt

Sprüche für Handwerker

Wir wollen gerne wagen,
in unseren Tagen
der Ruhe abzusagen,
die's Tun vergisst.
Wir wollen nach Arbeit fragen,
wo welche ist,
am Leben nicht verzagen,
uns fröhlich plagen
und unsere Steine tragen
aufs Baugerüst.

Nikolaus Ludwig Graf von Zinzendorf

Zum Richtfest

Das lang Ersehnte wurde wahr:
Das eigene Haus, bald steht es da!
Der erste Bauabschnitt ist nun beendet,
und wenn sich alles zum Guten wendet
Zieht ihr bald ein – ich gratulier.
Dann sind der »eigenen Wände nicht nur vier!«
Das eigne Haus, auf das ihr lange habt gespart,
bald steht es da, und immer sei's bewahrt
vor jedem Schaden, jedem Ungemach
vom Keller bis zum hohen Dach!
So wünschen wir es sehr, so soll es sein!
Ins Haus zieh' mit euch Glück und Frieden ein!

Des Reimens wegen mit Betonung:
Zum Einzug in die neue Wohnung
von Herzen Glück! Und außerdem:
Die Nachbarschaft sei angenehm!

Am Ende einer langen Wartezeit
erfolgt nun endlich, endlich die Belohnung:
Nun ist das Ziel erreicht; es ist soweit.
Viel Glück und Freude in der neuen Wohnung!

Nachbarschaft

Melodie: Mein Vater war ein Wandersmann

Ein guter Nachbar ist viel wert, mehr als der beste Freund,
der nicht nach Rang und Würde späht, ders ehrlich mit dir meint.
Refrain: *Valleri, vallera, ders ehrlich mit dir meint.*

Sitzt du in Druck, ist sonst was los und weißt nicht ein noch aus,
die Sorgen sind nur halb so groß, wenn der Nachbar springt mit ein.

Ist mal das Herz zum Bersten voll, schütt es beim Nachbarn aus,
bald fühlst du dich dann wieder wohl, erleichtert gehts nach Haus.

Auch Freudiges behält man nicht für sich so ganz allein,
vertrau es ihm, der Nachbar spricht sein'n Glückwunsch obendrein.

Nimmst du mal Urlaub, fährst zur Kur oder musst ins Krankenhaus,
was wird aus deinen Blumen nur? Die Nachbarin hilft aus.

Steckt irgendwo der Karren fest und kommt allein nicht fort,
der Nachbar dich nicht stecken lässt, gönn ihm ein gutes Wort.

Wo es am schönsten ist

Ich kannte einen klugen Mann
in Nakel an der Netze,
der sparte nicht mit Gut und Geld
und häufte keine Schätze.

Schon in der Jugend zogs ihn fort,
der Mann war gar nicht heikel,
er ging zum Studium nach Bonn
und dann nach Wanne-Eickel.

Drauf reist' er durch die weite Welt
in über hundert Reiche;
nachts schlief er unterm Sternenzelt,
traf Bettler und auch Scheiche.

Er war in Kamerun zu Gast,
in Cannes, auf den Komoren,
und hinterm Nordkap ist ihm fast
das linke Ohr erfroren.

Er sah sich um in Mexiko,
auf Kuba und Hawaii;
er war beim Zug der frommen Pilger
in Mekka mit dabei.

Er trat in Funk und Fernsehen auf
in Boston und Berlin,
fast täglich gab er Interviews,
und jemand fragte ihn:

»Sie reisten um die ganze Welt:
wo sind die schönsten Plätze?«
Da sprach der Mann: »Am schönsten ists
in Nakel an der Netze!

Wo ich mein kleines Haus gebaut,
da ziehts mich immer hin;
wer je ein eignes Heim bezog,
der weile froh darin!«

Ich sage euch: der Mann hat Recht,
und klug ist, was er sprach.
Ein eignes Heim ist niemals schlecht,
birgt selten Weh und Ach.

Auch euch sei's Burg und Zufluchtsort
im täglichen Gehetze.
Lebt glücklich dort – wie jener Mann
in Nakel an der Netze!

Zum Einzug ins neue Haus

Den Einzug in das Haus zu feiern, sind wir hier,
und allen, die drin wohnen werden, wünschen wir:
Türen, Dach und Mauern
sollen überdauern!
Die Bewohner, groß und klein,
sollen darin glücklich sein,
glücklich sein!

Glückwunsch

Auf euer neues schönes Heim
macht man sich gerne einen Reim:
Seid hier in einem langen Leben
– ob Festtag, ob Alltäglichkeit –
von diesen dreien stets umgeben:
Gesundheit, Glück, Verträglichkeit!

Zum Richtfest eines Hauses

Das neue Haus ist aufgericht't,
gedeckt, gemauert ist es nicht.
Noch können Regen und Sonnenschein
von oben und überall herein:
Drum rufen wir zum Meister der Welt,
er wolle von dem Himmelszelt
nur Heil und Segen gießen aus
hier über dieses offne Haus.

Zuoberst woll er gut Gedeihn
in die Kornböden uns verleihn;
in die Stube Fleiß und Frömmigkeit,
in die Küche Maß und Reinlichkeit,
in den Stall Gesundheit allermeist,
in den Keller dem Wein einen guten Geist.
Die Fenster und Pforten woll er weihn,
dass nichts Unseliges komm herein,
und dass aus dieser neuen Tür
bald fromme Kindlein springen für.

Nun, Maurer, deckt und mauert aus!
Der Segen Gottes ist im Haus!

Ludwig Uhland

Der runde Geburtstag ab 50

Ich gratuliere und freue mich sehr,
denn dieser Glückwunsch fällt mir gar
nicht schwer.
Erhalten bleibe dir der alte Schwung!
Dann macht das Leben Spaß,
dann bleibst du lange jung.

Je höher die erste Ziffer, umso größer werden die runden Geburtstage gefeiert – zu Recht, denn das Geburtstagskind hat viel erlebt und geleistet, kann seine Zukunft einschätzen und verfügt über gewachsene, erprobte Freundschaften. Daraus speisen sich die Grundmotive der festlichen Beiträge.

Der 50. Geburtstag

Einem Fünfzigjährigen

Heut vor 50 Jahren war
noch ganz klein der Jubilar.
Heute ist er, seht ihn an,
von Format: ein großer Mann!
Glück kommt nie von sich allein,
Fleiß und Köpfchen müssen sein.
Doch eines ist sicher, wie's auch sei:
In 50 Jahren ist nicht alles vorbei.
Viel eher, glaub' ich, man sagen kann:
Nach 50 Jahren fängt der Mensch richtig an.
Da kriegt man den Horizont erst, den großen,
und die Hörner hat man sich abgestoßen.
Heut bist ein Kavalier du, ein diskreter.
Fünfzig Jahre vorher nur ein Hosentrompeter.
Heut lassen wir unsre Fanfaren klingen
und wollen die Gläser heben und singen:
Hoch soll er leben ...!

Tafellied

Melodie: Dort droben auf dem Berge

Das Essen war herrlich, das Essen war gut,
und jetzt denkt ihr alle, ein Schläfchen tut gut.
Refrain: *Holladrihi, holladriho,*
holladrihopsasa, holladriho.

Doch nun nicht so müde, gefeiert wird heut,
denn wir sind doch alle ganz lustige Leut.

Drum singen wir kräftig und haken uns ein,
und mit der Musike, da schunkeln wir fein!

Der Kopf ist so starr noch, das bleibt nicht mehr so,
nick zu deinem Nachbarn, links rechts mit Hallo.

Dem Gast gegenüber reich schnell noch die Hand,
und schunkele mit ihm, ja, da wackelt die Wand.

Das war ja noch gar nichts, da fehlte der Schwung!
Aufstehen und setzen, Bewegung hält jung.

Das Lied macht ja alle so richtig beschwingt,
noch einmal schnell aufstehn, weil besser man singt …

Jetzt ist noch der Arm dran, er braucht einen Trost,
wir heben das Glas und rufen laut »Prost«.

Es ist seltsam mit dem Alter.
Wenn man dreizehn und noch Kind,
weiß man glasklar, dass das Alter
so um zwanzig rum beginnt.

Ist man aber selber zwanzig,
denkt man nicht mehr ganz so steif,
glaubt jedoch, so um die dreißig
sei man für den Sperrmüll reif.

Dreißiger, schon etwas weiser
und vom Lebenskampf geprägt,
haben den Beginn des Alters
auf Punkt vierzig festgelegt.

Vierziger mit Hang zum Grübeln
sagen dumpf wie ein Fagott,
fünfzig sei die Altersgrenze,
und von da an sei man Schrott.

Doch die Fünfziger, die klugen,
denken überhaupt nicht dran.
Jung sind alle, die noch lachen,
das Alter fängt mit hundert an.

Geburtstagsständchen

Dieses Ständchen kann gesungen oder gesprochen werden, es ist immer wirkungsvoll. Sie können auch eine Mischform wählen: Der Vortragende spricht seine Verse und stimmt dann singend den Refrain an, den danach alle Festteilnehmer bei der Wiederholung mitsingen.

Herzlichen Glückwunsch, bleib schön gesund,
dann gibts zur Freude stets einen Grund!
Nimm, was im Herzen du lange dir
selbst erträumt hast, als Wunsch von mir!
Herzlichen Glückwunsch, bleib schön gesund,
das sagt mein Herz und nicht nur mein Mund!
Denn was uns glücklich macht, liegt allein
im Zufriedensein!
Refrain:
Schön sind die Stunden, die so schnell vergehen.
Du musst sie richtig zu feiern verstehen!
Du kannst im Leben die Uhr etwas drehen,
wenn du nur lachst und aus allem das Beste machst!

Ein Prosit dem Geburtstagskind,
die Jahre eilen so geschwind,
bleib fröhlich und zufrieden,
viel Glück sei dir beschieden!

Weltlauf

Ein Mensch, erst zwanzig Jahre alt,
beurteilt Greise ziemlich kalt
und hält sie für verkalkte Deppen,
die zwecklos sich durchs Dasein schleppen.
Der Mensch, der junge, wird nicht jünger:
Nun, was wuchs denn auf seinem Dünger?
Auch er sieht, dass trotz Sturm und Drang,
was er erstrebt, zumeist misslang,
dass, auf der Welt als Mensch und Christ
zu leben, nicht ganz einfach ist.
Der Mensch, nunmehr bedeutend älter,
beurteilt jetzt die Jugend kälter,
vergessend früh'res Sich-Erdreisten:
»Die Rotzer sollen erst was leisten!«
Die Jugend wiederum, die hält …
Genug – das ist der Lauf der Welt.

Eugen Roth

In fünfzig Jahren ist alles vorbei

Denk stets, wenn etwas dir nicht gefällt:
»Es währt nichts ewig auf dieser Welt.«
Der kleinste Ärger, die größte Qual
sind nicht von Dauer, sie enden mal.
Drum sei dein Trost, was immer es sei:
»In fünfzig Jahren ist alles vorbei.«

Und ist alles teuer, dann murre nicht,
und holt man die Steuer, dann knurre
nicht.
Misslingt dir auch alles, dann klage
nicht,
und kriegst du den Dalles *(Armut, Not)*,
verzage nicht.
Nur der, der nichts hat, ist glücklich und
frei,
und in fünfzig Jahren ist alles vorbei.

Und ist auch ein andrer klüger als du,
dann sei nicht dämlich – und lach dazu.
Was nützt sein Wissen – stirbt der
vorher,
bist du am nächsten Tag klüger als er.
Wer da weiß, dass er nichts weiß, weiß
vielerlei –
und in fünfzig Jahren ist alles vorbei.

Und geht zu nem andern dein
Mägdelein,
Dann schickt ihr noch 's Reisegeld
hinterdrein.
Und bist du traurig, denk in der Pein:
»Wie traurig wird bald der andere
sein!«
Dem macht sie's wie dir – die bleibt
nicht treu,
und in fünfzig Jahren ist alles vorbei.

Drum: Hast du noch Wein, dann trink
ihn aus,
und hast du ein Mädel, dann brings
nach Haus
und freu dich hier unten beim
Erdenlicht,
Wie's unten ist, weißt du – wie oben
nicht.
Nur einmal blüht im Jahre der Mai.
Und in fünfzig Jahren ist alles vorbei.

Du Rindvieh, dann ist es vorbei.

Otto Reuter

In fünfzig Jahren ist alles vorbei

Geburtstagslied für eine junge Fünfzigjährige

Melodie: Nun ade, du mein lieb Heimatland
Die zweite und vierte Zeile der ersten Strophe werden in jeder Strophe wieder als zweite und vierte Zeile eingefügt. Für den Druck haben wir nach der zweiten Strophe darauf verzichtet. Das Lied macht viel Spaß, wenn alle Gäste bei den Zeilen »oben, unten, vorne, hinten, überall« mitsprechen!

Die Tina feiert Geburtstag heut,
oben, unten, vorne, hinten, überall.
Ja, das wissen alle Leut,
oben, unten, vorne, hinten, überall.

Und alle Leute bleiben stehn,
oben, unten, vorne, hinten, überall.
Mein Gott, wie ist die Tina schön,
oben, unten, vorne, hinten, überall.

Fünfzig Jahre sind ne lange Zeit,
doch kein Jahr hat sie bereut.

Die fünfzig sieht dir keiner an,
es fühlt sich alles knackig an.

Die Freunde sind jetzt alle hier,
und sie gratulieren dir.

Wir wünschen dir noch recht viel Glück,
es geht nur vor und nicht zurück.

Nun wollen wir mit vollem Glas
anstoßen auf das nächste Jahr.

Geburtstagslied

Melodie: Mein Vater war ein Wandersmann

Wir feiern heut ein großes Fest, ist das nicht wunderschön?
Da gibt es hier im Freundeskreis ein frohes Wiedersehn.
Refrain: *Valleri, vallera; ein frohes Wiedersehn.*

Schon lange haben wir uns doch auf diesen Tag gefreut,
drum haben wir den langen Weg nach hier auch nicht
gescheut.

Denn all die Jahre, die uns doch stets immer froh vereint,
die halten heute auch noch fest, bei Sturm und Sonnenschein.

Ja, wahre Freundschaft muss auch sein auf dieser armen Erd,
sonst ist das ganze Leben hier nicht einen Pfennig wert.

Vergangen sind nun fünfzig Jahr, es war ne schöne Zeit,
darin erlebten wir manch Freud und manches Herzeleid.

Wir wünschen dem Geburtstagskind noch manches schöne
Jahr,
Gesundheit, Freude und auch Glück begleit es immerdar.

Der 60. Geburtstag

Hallo – liebes Geburtstagskind! Jetzt ist es so weit:
60 Jahre sind eine lange Zeit!
Da läuft nicht alles glatt – das ist wohl wahr!
Dazwischen liegt auch mal »Schiet« – das ist doch klar.
Aber unser Hergott hat sicher schon gewusst,
dass er unsern Grips-Computer so einstellen muss,
dass das Schlechte vergeht,
aber das Gute besteht!
Ja, dass durch das ganze Leben
das Gute immer sollte Hoffnung geben.
Und daran sollst du auch nicht drehen,
und olle Kamellen vergessen.
Die will keiner mehr sehen!

Schau, du hast deine Familie – ist das nicht schön?
Du brauchst nicht allein durchs Leben zu gehn!
Was das heißt, wissen alle, die einsam sind,
und wer sich im Leben zurecht nicht mehr find't.
Drum halt fest deine Freundschaft und Fröhlichkeit!
Für Wehwehchen bist du noch lang nicht bereit.
Keiner von uns dreht den Zeiger zurück,
aber jedem lacht hier auf der Welt auch das Glück!
Bleib immer sinnig und tu nichts übertreiben,
nur so kannst du alt werden und jung dabei bleiben.
Und wenn du mal meinst, dass es so nicht weitergeht
und dir das alles bis – hier oben – steht,
dann denk an meinen Rat, mit allem zufrieden zu sein –
auf Regen folgt immer Sonnenschein.

Es sind für unser Leben
gleich einer Lotterie
die Treffer schon vergeben,
nur wissen wir es nie.
Drum nimm, was dir beschieden,
ertrage dein Geschick!
Wenn du damit zufrieden,
kommt sicher auch das Glück.

Die allerschönsten Sachen,
die Spaß und Freude machen,
wünsch ich dir, das ist klar!
Lass mich auch dies noch schreiben:
So glücklich sollst du bleiben,
auch im ganzen nächsten Jahr.

60 Jahre frisch und froh,
mach nur weiter so!

Der 65. Geburtstag

Geburtstagslied

Melodie:
Der Mai ist gekommen

Der Tag ist gekommen,
gekommen sind auch wir
zu deinem Geburtstag,
wir gratulieren dir.

Wie die Jahre vergehen,
denn 65 wirst du heut.
Wir bringen dir ein Ständchen
und hoffentlich viel Freud!

Hundert Jahre sollst du leben,
hundert Jahre glücklich sein,
schöne Stunden noch erleben,
mit Menschen, die sich mit dir freun.

Wir wollen uns erheben,
ob groß oder klein,
dem Martin wohl zur Ehre,
denn glücklich soll er sein.

So nehmet die Gläser
und stoßet mit ihm an
der Martin, er soll leben,
soll leben noch recht lang.

Der 70. Geburtstag

Worte eines Freundes für einen Siebzigjährigen

Erst 70 Jahre bist du bloß,
Die Kinderschuhe bist du los.
Als Jüngling ist man nur Attrappe
mit einer riesengroßen Klappe.
Man greift noch kindlich nach den
Sternen
und muss von andern erst was lernen.
Das Gute, das im Menschen steckt,
wird langsam erst in ihm erweckt.
Auch im Beruf wird man geschunden,
bis man allmählich sich gefunden.
Und plötzlich steht man da als Mann,
der glaubt, dass er nun alles kann.
Und doch kriegt er auf seinem Wege
vom Schicksal manche Nackenschläge,
wobei er an sich selbst erlebt:
Es irrt der Mensch, so lang er strebt.
Wie oft glaubt man, verliebt zu sein,
doch meistens fliegt man dabei rein.
Die Liebe ist kein Abenteuer.
Sie schenkt uns nur ein Kamerad,
ein treuer,
die liebe Gattin, die uns ganz versteht,
durch Dick und Dünn mit uns durchs
Leben geht.
Nicht nur durch Ehe, auch im
Freundeskreise
wird der Charakter fest, das Denken
weise.
Humor und Freundschaft macht den Sinn
geduldig,
denn was man ist, das bleibt man andern
schuldig.
So hat auch unser Freund in vielen Jahren
den Sinn des Wortes Freundschaft oft
erfahren
und hat sie reichlich uns zurückgegeben.
Er lebt nicht nur, er lässt auch gerne
leben.
Wenn er sein Jubiläum heute feiert,
wird unser alter Freundschaftsbund
erneuert.
Bleib weiter so, wie immer du gewesen,
ein Freund des Guten und ein Feind des
Bösen.
Wir wünschen dir, Erfolge zu erringen,
dazu Gesundheit, innres Glück vor allen
Dingen.
Das wäre wohl zu deinem schönen Fest
das Beste, was sich heute sagen lässt.

Zum siebzigsten Geburtstag

Wer die Körner wollte zählen,
die dem Stundenglas entrinnen,
würde Zeit und Ziel verfehlen,
solchem Strome nachzusinnen.

Auch vergehn uns die Gedanken,
wenn wir in dein Leben schauen,
freien Geist in Erdeschranken,
festes Handeln und Vertrauen.

So entrinnen jeder Stunde
fügsam glückliche Geschäfte.
Segen dir von Mund zu Munde,
neuen Mut und frische Kräfte!

Johann Wolfgang von Goethe

Der 80. Geburtstag

Herzlicher Glückwunsch für eine fitte Achtzigjährige

Hallo, liebe Gäste,
Die Anna wird heut achtzig Jahr!
Und wie gut du aussiehst – einfach wunderbar!
Gib nur deinem Leben weiter so viel Schwung,
dann bleibst du elastisch und noch lange jung!
Ja, du nahmst im Leben einfach alles hin.
Was du auch getan hast, alles hatte Sinn!
Stets warst du vergnügt, hattst immer frohen Mut.
Was die Liebe angeht, warst du auf der Hut!
Heute sind wir alle dir zu Ehren hier.
Hoch sollst du heut leben, darauf trinken wir!
Lasst die Gläser klingen, dass es nur so schallt,
denn man wird nur einmal achtzig Jahre alt!

Zum Geburtstag einer achtzigjährigen Tante

So lass uns Jüngere nun erfahren,
wie schafft man es in 80 Jahren,
dass man so richtig jung noch bleibt
und sich an den Trieben des Lebens
freut?

Ich hab nun selber nachgedacht
und mir daraus einen Vers gemacht.

Es ruhen in des Schicksals Schoße
die guten und die schlechten Lose.
Was immer auch die Menschen treiben:
Der Wechsel wird beständig bleiben.
Im Leben geht es rauf und runter,
das macht elastisch und hält munter.

Wenn wir die Welt nur flüchtig sehn,
dann lernen wir sie nicht verstehn.
Sobald wir in die Tiefe steigen,
wird sich ein anderes Bild uns zeigen.
Der Mensch ist klein, der Himmel groß.
Wer das erkennt, der lächelt bloß,
bleibt stets bescheiden, auch im Glück,
bejammert nicht ein Missgeschick.
Sei hoffnungsfroh zu jeder Stund,
dann bleibst du jung und auch gesund.

Drum lassen wir die Fanfaren erklingen,
wir wollen die Gläser heben, und alle
singen:
Tante Hannelore, sie lebe hoch, —

Otto Flindt

Die Vergesslichen

Ein Mensch, der sich von Gott und Welt
mit einem andern unterhält,
muss dabei leider rasch erlahmen:
Vergessen hat er alle Namen!
»Wer wars denn gleich, Sie wissen doch –
Der Dings, naja, wie hieß er noch,
der damals, gegen Ostern gings,
in Dings gewesen mit dem Dings?«
Der andre, um im Bild zu scheinen,
spricht mild: »Ich weiß schon, wen Sie
meinen!«
Jedoch, nach längerem Hin und Her
sehn beide ein, es geht nicht mehr.
Der Dings in Dingsda mit dem Dings,
zum Rätsel wird er bald der Sphinx
und zwingt die zwei sonst gar nicht Dummen,
beschämt und traurig zu verstummen.

Eugen Roth

Es war einmal

Am wirkungsvollsten ist dieser Vortrag, wenn ein Gast die Verse spricht und die Festgesellschaft mit dem Refrain singend einfällt. Bitte den Text des Refrains vorher vervielfältigen und verteilen!

Es gibt im Volksmunde wohl Märchen ohne Zahl.
Ein jedes in der Runde beginnt: Es war einmal!
Die Kinder sehnend lauschen
und schwelgen voller Glück.
Die Alten Blicke tauschen
und denken weit zurück.
Verliebte aber halten
sich innig Hand in Hand.
Und gleichen selbst Gestalten
aus holdem Märchenland.

Refrain:
Wenn auch die Jahre enteilen,
bleibt die Erinnerung noch.
Selige Träume verweilen
ewig im Herzen dir doch.
Schwindet auch trügrisch von hinnen,
was heut noch dein Ideal,
denke: Die Märchen beginnen
alle: »Es war einmal!«

Refrain: *Wenn auch die Jahre enteilen …*

Wie hört man immer gerne beim Abendsonnenstrahl
aus grauer Märchenferne den Gruß »Es war einmal«!
Der Jugend Herz ohn Fehle
wird müd der Märchen nie:
Verschließ auch deine Seele
nicht ihrer Poesie.
Nicht kann die Welt dir geben
nur Glanz und Gold allein.
Und dennoch strahlt im Leben
oft Märchensonnenschein.

Refrain: *Wenn auch die Jahre enteilen …*

Hochzeitstage und die Silberhochzeit

Dem Silberpaar hier gilt mein Gruß.
Es lebe froh und ohn Verdruss
für alle Zeit!

Jeder Hochzeitstag ist Grund zum Feiern! Den ersten mag ein Paar noch am liebsten in trauter Zweisamkeit begehen. Je länger die Ehe besteht, umso weiter öffnet sich der Kreis der Festteilnehmer – bis hin zur Silberhochzeit, die als fröhliches Fest mit Verwandten und Freunden begangen wird.

Ein Jahr	Papierhochzeit
Zwei Jahre	Baumwollhochzeit oder Strohhochzeit
Drei Jahre	Lederhochzeit
Vier Jahre	Leinenhochzeit
Fünf Jahre	Holzhochzeit
Sechs Jahre	Zuckerhochzeit
Sieben Jahre	Kupferhochzeit oder Wollhochzeit
Acht Jahre	Blechhochzeit
Neun Jahre	Keramikhochzeit
Zehn Jahre	Rosenhochzeit oder Aluminiumhochzeit
Elf Jahre	Stahlhochzeit
Zwölf Jahre	Seidenhochzeit
Zwölfeinhalb Jahre	Petersilienhochzeit
Vierzehn Jahre	Elfenbeinhochzeit
Fünfzehn Jahre	Kristallhochzeit
Zwanzig Jahre	Porzellanhochzeit
Fünfundzwanzig Jahre	Silberhochzeit
Dreißig Jahre	Perlenhochzeit
Fünfunddreißig Jahre	Leinwandhochzeit
Vierzig Jahre	Rubinhochzeit
Fünfzig Jahre	Goldhochzeit
Sechzig Jahre	Diamanthochzeit
Fünfundsechzig Jahre	Eisenhochzeit
Siebzig Jahre	Gnadenhochzeit
Fünfundsiebzig Jahre	Kronjuwelenhochzeit

Von einem Kind aufzusagen.

Zur Silberhochzeit

Was soll ich euch nur schenken
zum Silberhochzeitstag?
Ich will noch schnell bedenken,
was euch erfreuen mag.

Zum Hochzeitstag

Macht so ein Hochzeitstag
nicht froh im Herzen – tief hier drinnen?
So manches junge Ehepaar mag
sich später noch besinnen.
Was nutzt uns alle Lust und Ehr?
Die erste Jugend kommt nicht mehr!
Wie wars noch schön beim Tanz
im grünen Myrtenkranz!

Doch, liebes Jubelpaar, ihr zwei
dürft heut nicht etwa klagen,
als wäre euer Lenz vorbei
mit seinen holden Tagen.
Wohl hat der Sommer euch beglückt
mit reichem Segen – doch es schmückt
der Lenz euch auch noch immer
mit reichem Blütenschimmer.

Fürwahr, die Jugend blieb euch treu.
Heut müssen wirs gestehen:
Ihr seid ja noch so gut wie neu,
wie wir euch vor uns sehen!
Der Kopf, das Herz sind frisch und
froh,
das Äußre wie früher – sowieso.
Ja, und gottlob auch der Magen
kann alles noch vertragen.

Ihr wusstet strebsam, fest und klug
das Leben zu gestalten.
Euch hat das Glück im Zeitenflug
uns froh und jung erhalten.
Dass es bei unserm Jubelpaar
so bleiben mög' noch viele Jahr
das soll der Himmel geben!

Tafellied für die Silberhochzeit

Melodie: Eine Seefahrt, die ist lustig

Silberhochzeit, die ist lustig,
Silberhochzeit, die ist schön,
ja, da kann man die Verwandten
mal auf einem Haufen sehn.
Refrain: *Hollahi, Hollaho, …*

Teils aus Norden, teils aus Süden
kamen sie hier angehetzt.
Jeder wirft sich schick in Schale,
lächelt froh, ist nicht vergrätzt.

Wenn das Essen gut und reichlich,
auch der Kuchen nicht zu knapp,
wirft wohl jeder für zwei Tage
seinen Schlankheitsfimmel ab.

Und wenn Reden es begleiten,
rutscht das Essen munter fort.
Guter Wein macht frei die Zunge,
jeder führt das große Wort.

Jeder soll heut lustig tanzen –
ja, so gut er eben kann.
Wenn die neuen Schuhe drücken,
zieht man sich die alten an.

Heute wolln wir tüchtig prosten,
nur nicht schüchtern, nicht geniern;
denn die Blumen und Geschenke
müssen sich doch auch rentiern!

Darum soll dieses Lied auch schweigen
wie des Sängers Höflichkeit.
Leert das Glas jetzt bis zum Neigen,
unsern beiden sei's geweiht.

Heut ist im schönsten Glanz
silbern der einst noch grüne Kranz!

Nun steht ihr Hand in Hand und wendet wohl den Blick
nach jenem schönen Tag eurer Hochzeit zurück.
Als ihr euch das Ja-Wort habt gegeben,
vereint zu schreiten durch das Leben.

In Freud und Leid, wie's auch kommen mag,
habt ihrs gehalten – und heute ist der Tag,
der euch mit Silberglanz beschieden
im stillen Glück und schönsten Frieden!

Mög' euch das Glück noch weiter leiten
und euch bis zur goldenen Hochzeit begleiten.
Das wünscht euch zu dieser Festtagsstund
ein jeder hier in dieser Rund!

Lied zur Silberhochzeit

Melodie: Der Mai ist gekommen

Der Tag ist gekommen – vor fünfundzwanzig Jahr,
da waren die beiden ein junges Hochzeitspaar.
Drum sitzen wir heute – zusammen hier beim leckren Schmaus.
Nur wer schlecht gelaunt ist, der gehe gleich nach Haus.

Frisch auf drum, frisch auf drum – kommt, lasst uns fröhlich sein.
Beim festlichen Essen – beim Gläschen Sekt und Wein.
Die Gläser erklingen, vor Freude singen wir heut all:
Mein Herz ist wie ne Lerche und stimmet ein mit Schall!

Die festliche Tafel ist wahrlich eine Pracht!
Hier bleiben wir beisammen bis morgen früh um acht!
Hebt nun eure Gläser und stimmet alle fröhlich ein:
Das Silberpaar soll leben und immer glücklich sein!

Die goldene Hochzeit und weitere Ehejubiläen

Gold ist edel, dauerhaft
wie der Liebe starke Kraft.

Paare, die jahrzehntelang miteinander auskommen, sind selten geworden und haben ein Recht auf eine große Feier. Gastgeber sind dabei meistens Verwandte aus der jüngeren Generation. Die »Brautleute« stehen als Ehrengäste im Mittelpunkt von Glückwünschen meist ernsteren Charakters.

Ein Lied zur Rubinhochzeit

Melodie: Gold und Silber lieb ich sehr
Während des Singens werden Kerzen angezündet, und langsam bringt jeder Gast seine brennende Kerze zum Hochzeitspaar.

Rote Steine lieben sehr
groß und kleine Leute.
Unser Jubelpaar denkt mehr
an vergangne Zeiten.
War es auch nicht immer leicht
in den vierzig Jahren,
ist das Ziel nun doch erreicht:
Freude zu bewahren!

Edelsteine nicht allein
könn'n das Herz beglücken;
denn das Äußre ist nur Schein
und kann schnell entschwinden.
Aber jeder neue Tag
ist des Glückes Zeichen;
euch Gesundheit gebe er,
Freude ohnegleichen!

Froh sei das Rubinenpaar,
wünschen wir von Herzen,
dass die Augen strahlen sehr,
leuchten wie die Kerzen!
War es auch nicht immer leicht,
euren Weg zu gehen,
habts gemeinsam ihr erreicht,
grad und fest zu stehen.

Nehmt das Lichtlein nun zur Hand
und dann lasst uns wandern,
zum Rubinenpaare hin,
wo es mit den andern
bildet einen Lichterkranz
mit viel Glanz und Wärme.
Unserm Pärchen wünschen wir
Glück und Freude gerne.

Man müsste nochmal zwanzig sein!

Der Refrain sollte auf jeden Fall von der ganzen Festgesellschaft gesungen werden. Die anderen Verse wirken immer gut, ob der Vortragende sie nun spricht oder singt.

Sitzt der Mensch beim Weine,
werden alle seine
längst vergessnen alten Wünsche wach!
Und er hängt den größten
und vielleicht den besten
seiner oft geträumten Träume nach.
Kämen noch die Zeiten, die vergingen, wieder –
käme doch die Jugend einmal noch zurück!

Refrain: *Man müsste nochmal zwanzig sein /*
und so verliebt wie damals / und irgendwo im Wiesenhain /
vergessen die Zeit. / Und wenn das Herz dann ebenso /
entscheiden könnt wie damals, / ich glaube, dann
entschied es sich / noch mal, noch mal für dich. /
Ich glaube, dann entschied es sich /
noch mal, noch mal für dich!
Du, ja du nur allein / wirst den Traum mir verzeihn,
den ich einst geträumt hab, / geträumt hab beim Wein!

Ja, so mancher Zecher
sitzt vor seinem Becher
wie vor seiner eignen Jugendzeit.
Und der Wein im Glase
rötete die Nase,
doch er trübte die Vergangenheit.
Könnt er doch noch einmal – alles neu beginnen!
Könnt er doch noch einmal – alles besser tun!

Refrain: *Man müsste nochmal zwanzig sein …*

Fünfzig Jahre sind schnell vergangen
bei Sonne, Gewitter, Regen und Sturm,
Schatten und Licht,
doch der Mut verließ euch nicht.
Ihr habt erlebt viele schöne Jahre,
drum sollen Glück und Gesundheit
noch lange eure Begleiter sein.
Euer Lebensweg war bewegt und weit
und alles Erleben hat seine Zeit!
Umarmen hat seine Zeit,
Und Sich-Meiden hat seine Zeit.
Suchen und Verlieren hat seine Zeit.
Schweigen hat seine Zeit – und Reden
hat seine Zeit.
Lieben hat seine Zeit – und auch Hassen
hat seine Zeit.
Alles hat seine Zeit!
Und jedes Tun unter dem Himmel
hat seine Stunde!

Lied zur Goldenen Hochzeit

Melodie: Ein Vogel wollte Hochzeit machen

Wir grüßen euch und danken sehr,
wir kamen alle gern hierher.
Refrain: *Fidirallala, fidirallala,*
fidirallalalala.

Gesundheit und Zufriedenheit,
das wünschen wir euch jederzeit.

Da fünfzig Jahre sind nun voll,
ist das ein Grund zum Feiern wohl?

Der Tisch war reichlich hier gedeckt,
und allen hat es gut geschmeckt.

Wir alle haben uns gefreut,
auf eure goldne Hochzeit heut.

Noch wolln wir nicht nach Hause gehn,
doch sagen wir schon Dankeschön.

Drum leert das Glas und stoßet an
mit Goldenbraut und -bräutigam!

Der Geburtstag im hohen Alter

Welche Freude, wenn es heißt:
Alter, du bist alt an Jahren,
blühend aber ist dein Geist.

Gotthold Ephraim Lessing

Das betagte Geburtstagskind ist Ehrengast und wird von allen liebevoll angesprochen – trotzdem müssen die Gastgeber darauf achten, dass es nicht von der Festgesellschaft ausgeschlossen wird. Zwei oder drei Personen sollten das Geburtstagskind unauffällig versorgen und unterhalten. Vielleicht lässt es sich gern über die Vergangenheit befragen und erzählt von seinem ersten Schultag, einem Marmeladenrezept der Kriegszeit oder wie der Großvater die Großmutter nahm. So gibt es wirklich ein Fest für die ganze Familie.

Wie viel Glück und wie viel Sorgen wurden dir beschieden!
Was auch geschah, du zeigtest dich zufrieden.
Wie viel Stunden hat die Sonne am Himmel gelacht!
Wie viel graue Wolken haben den Regen gebracht!
Wie viel Frohsinn hat dich begleitet im Herzen;
doch auch manche Krankheit und manche Schmerzen.

Wie viel Ärger und Falschheit passt in diese Zeit,
und wie oft warst du zum Verzeihen bereit!
Wie viel trostlose Stunden konntest du zählen,
aber auch an schönen Stunden tat es nicht fehlen!
Was du erhofftest und ersehntest,
ist doch erfüllt – oder nicht?
Was einst für dich schwer war, fällt heut nicht mehr ins Gewicht!
Für eine schöne Zukunft halte dich nun bereit!
Und die Vergangenheit?
Sag Dank für diesen Tropfen Zeit.

Freude

Herr, ich werfe meine Freude wie Vögel an den Himmel.
Die Nacht ist verflattert, und ich freue mich am Licht.
So ein Tag, Herr, so ein Tag!

Deine Sonne hat den Tau weggebrannt
vom Gras und von unseren Herzen.
Was da aus uns kommt, was da um uns ist
an diesem Morgen, das ist Dank.

Herr, ich bin fröhlich heute am Morgen.
Die Vögel und Engel singen, und ich jubiliere auch.
Das All und unsere Herzen sind offen für deine Gnade.
Ich fühle meinen Körper und danke.
Die Sonne brennt meine Haut, ich danke.
Die Gischt klatscht gegen unser Haus, ich danke.

Herr, ich freue mich an der Schöpfung
und dass du dahinter bist und daneben
und davor und darüber in uns.

Herr, ich werfe meine Freude wie Vögel an den Himmel.
Ein neuer Tag, der glitzert und knistert,
knallt und jubiliert von deiner Liebe.
Jeden Tag machst du. Halleluja, Herr!

Afrikanisches Gebet

Von Null zu Null

Die erste Null ist ein Erlebnis.
Die zweite nimmt man stolz und leicht.
Die dritte Null wird als Ergebnis
meist mühelos und glatt erreicht.

Die vierte Null, mit Schwung
erklommen,
kennt gleichfalls kein Problem.
Doch – ehrlich und genau genommen –
ist sie bisweilen unbequem.

Die fünfte Null ist keine Bürde.
Man fühlt sich fit wie einst im Mai!
Die so genannte Halbzeithürde
ist sicher aber schon vorbei.

Die sechste Null zwingt heimlich leise
den Lebenssommer in die Knie.
Doch weiter geht die große Reise
mit Zuversicht und Energie.

Die siebte Null beschert und spendet
Verehrung, Achtung, auch Respekt.
Dem eigenen Dasein zugewendet
hat mancher sich schon selbst entdeckt.

Die nächste Null tritt dann als achte
kalendermäßig auf den Plan,
nicht stürmisch laut, nein sachte, sachte,
den stillen Freuden zugetan.

Die neunte Null gesund erleben
bleibt meist ein frommer, schöner
Traum.
Das Fragen und das Antwortgeben
stehn wie ein Fels im leeren Raum.

So reiht sich eine Null zur andern.
Sie fügen sich wie Stein auf Stein.
Gott schenkt uns Leben, lässt uns
wandern.
Er lehrt uns auch zufrieden sein.

Der heitere Festabschluss

Wir haben gescherzt, gesungen, gelacht
und dabei nur an das Heute gedacht.
Und – ehrlich – ist das nicht auch mal schön?
Doch leider müssen wir jetzt auseinander gehn.
Gern denken wir an die Stunden zurück
und wünschen zum Schluss noch einmal Glück!
Wer Lust hat, der stimme jetzt mit mir ein:

So ein Tag, so wunderschön wie heute ...

Wir danken für Abdruckgenehmigungen:
© Atrium Verlag, Zürich und Thomas Kästner;
Quelle: E. K., Ein Mann gibt Auskunft: S. 70/71
Dr. Thomas Roth, München: S. 35, 47, 71, 85, 95
Fackelträger Verlag, Oldenburg: Das große Heinz-Erhardt-Buch: S. 12, 24/25, 72, 75
Falken Verlag Niedernhausen/Ts: E. Henneck: Glückwünsche und Festgedichte für alle Gelegenheiten, 2. Aufl. 1998: S. 25